全国高等会计职业教育系列规划教材

财务会计技能训练

第二版

主　编　刘世荣　陈丽琴
副主编　刘海燕　吕均刚

WUHAN UNIVERSITY PRESS
武汉大学出版社

图书在版编目(CIP)数据

财务会计技能训练/刘世荣,陈丽琴主编.—2版.—武汉:武汉大学出版社,2015.8

全国高等会计职业教育系列规划教材

ISBN 978-7-307-16328-7

Ⅰ.财…　Ⅱ.①刘…　②陈…　Ⅲ.财务会计—高等职业教育—教学参考资料　Ⅳ.F234.4

中国版本图书馆CIP数据核字(2015)第154050号

责任编辑:柴　艺　　　责任校对:汪欣怡　　　版式设计:马　佳

出版发行:**武汉大学出版社**　(430072　武昌　珞珈山)

(电子邮件:cbs22@whu.edu.cn 网址:www.wdp.com.cn)

印刷:湖北省荆州市今印印务有限公司

开本:787×1092　1/16　印张:9.75　字数:224千字　插页:1

版次:2011年8月第1版　　2015年8月第2版第1次印刷

ISBN 978-7-307-16328-7　　定价:20.00元

全国高等会计职业教育系列规划教材编委会

总　序

我国高等职业教育经过十年的发展，取得了举世瞩目的成就。特别是经过三年的示范建设，我们在校企合作、工学结合、人才培养模式改革、师资队伍建设、课程建设、教材建设等方面取得了一定的成绩，但也存在一些不尽如人意的地方。作为高职战线的一线工作者，我们一直在实践，一直在思考，一直在探索。

高职教育发展到今天，必须进行改革，这是大家的共识，改革的路径怎么选择？就是按照教育部2006年16号文件《关于全面提高高等职业教育教学质量的若干意见》（以下简称教育部16号文件）的精神和高职教育“十二五”发展规划的要求进行。但怎么改？只有靠我们一线从事高职教育的老师去实践，去探索，不能人云亦云，不能断章取义，不能望文生义，不能浅尝辄止，更不能玩花架子。我们要把老师的心思真正用在教学改革上，要把老师的时间、精力真正用在教学改革上。改革不可能一蹴而就，改革是要付出代价的，改革是要有点精神的！

教学改革的依据是什么？我个人认为，我们必须充分考虑以下四个问题：一是高等教育大众化的背景；二是教学对象的实际（现有认知结构）；三是产业结构的调整与发展；四是科学技术的发展，在教育上就是现代教育技术手段的应用。只有将这四个问题研究透了，分析透了，我们的教学改革才能落到实处，才能有成效。

教学改革的目标是什么？提高教学质量！我们一切工作的出发点和落脚点就是提高教学质量，这是永恒的主题！提高教学质量的关键是教师。换句话说，改革的意识、改革的观念、改革的思路必须在一线的教师中真正生根发芽，必须由一线的教师认真地加以实践，只有这样改革才能成功。不依靠一线教师而进行的改革，是形式主义，是空中楼阁。由此看出，对一线教师改革意识、改革观念、改革思路的培养与提高就显得非常重要。教育部16号文件精神不是一次两次会议就能够理解透彻的。我们必须在理解文件精神的实质上下苦工夫，在改革的实践上下苦工夫，在改革的系统工程上下苦工夫。因此，我们必须通过课程建设、教材建设以及其他平台，让教师在实践中深刻理解教育部16号文件精神的实质。

教学改革改到深处，改到痛处，是课程改革，是教材改革。我们只有真正研制出特色教材、精品教材，才能为人才培养模式改革与创新提供支撑，才能为教学方法的改革提供支撑，才能为精品课堂提供支撑。

教材建设是专业建设中的一项基本建设，我们必须高度重视。教材是教学指导思想、培养目标、教学要求、教学内容的具体体现。教师通过教材全面、具体地理解教学要求与教学内容，以它为依据进行讲授并组织教学活动。学生以它为依据进行学习，通过教材掌握规定的知识和技能。实践证明，选一本好教材对提高教学质量至关重要。我们现在搞的课程建设与改革或者说精品课程建设，最终还是体现在教材建设上。同时，教材建设也是把精品课程转化为精品课堂的关键环节。

教材是什么？这个问题似乎有点老套！但最近对教材的讨论和争议比较多，有不同的观点！“教材是道具”这是我个人的观点。道具好一些，精一些，演出效果会好一些，这是毋庸置疑的。教师上课依纲据本固然没错，但我认为要是把教材看成是死板的、没有生命力的、单纯为完成教学目标而使用的一种介质就有问题了。著名的教育家叶圣陶老先生曾经说过：“教材无非是个例子。”作为教师是用教材教，而不是教教材。我们一定要注意这个问题。从这个角度讲，教材一定要经典，不是花里胡哨，不是加这个，加那个，搞得五花八门。

高职高专教材建设的现状令我们不是很满意。纵观我国高职教育十年的发展，配套教材可以说是百花齐放，五花八门，既涌现了一批优秀的、有特色的教材，也出现了一批粗制滥造、滥竽充数的教材。具体存在以下问题：

1. 功利性太强，作者队伍参差不齐。最大的功利性表现在纯粹是为了评职称而参加教材的编写。有些作者对教育部16号文件精神和高职教育改革的最新理论成果一知半解，生搬硬套，贴标签；还有些作者对一些基本概念、基本知识和基本技能把握不准。这反映了高职教育十年的快速发展，导致师资队伍不能满足高职发展和改革的需要。

2. 教材版本一是多，二是乱，不成体系，不配套，导致我们无法选出顺手的、满意的教材。近年来，我们选用教材换了多种版本，总是看起来花哨，但是错误和漏洞百出。有的是教材没有配套的习题和技能训练，有的虽有习题和技能训练，但与教材内容又不配套，让我们非常苦恼。导致这个现状的原因主要有两个：一是出版社的问题，对一套教材的编写缺乏规划，缺乏专业编辑，缺乏科学的组织，缺乏资金的投入。二是学校的问题，缺乏对教师参加教材编写的统筹、组织与协调。教师参加教材的编写基本上停留在个人行为上，甚至出现大量的作者只参加教材的编写、学校不使用教材的现象。这样是不可能编写出高质量的教材的。

3. 教师参加教材编写的积极性不高或者积极性没有得到充分发挥。一是虽然职称评审需要编写教材，但不是考核的主要指标。现在对高职教师职称的评审主要关注教师的企业工作经历和课程建设情况，但没有教材编写也不行。因此，有些老师不愿意在教材编写上下太大的工夫，不愿意投入时间和精力。二是作者的劳动报酬与投入的时间、精力不匹配，觉得不划算。一本高质量的教材，往往需要作者或者一个教学团队数年甚至数十年的努力和积累，才能够研制出来。

4. 片面理解“教学做一体化”。教育部16号文件明确指出“改革教学方法和手段，融‘教、学、做’为一体，强化学生能力的培养”。结果，有些地方、有些老师对这句话进行了片面理解，有的甚至认为将习题与技能训练放在教材每章的后面就是教学做一体化了，甚至认为在人才培养方案中将实训课程单独列出来没有体现教学做一体化！这样，一方面人才培养方案不伦不类，另一方面教材不伦不类，弱化了学生的训练次数，严重降低了教学质量。

“融‘教、学、做’为一体”，应该有多方面的理解。一是在人才培养方案中怎么体现？二是在课程中怎么体现？三是在教材中怎么体现？四是在教学方法上怎么体现？五是在教学模式上怎么体现？六是在教学组织形式上怎么体现？七是在不同的专业上应该怎么体现？

在高职会计专业教材建设中，我们必须以会计专业的人才培养目标为依据。高职会计专业的培养目标是：以各类中小企业及其他经济组织会计岗位(群)的任职能力要求为目标，培养德、智、体、美、劳全面发展，掌握会计专业基本知识和职业技能，具备良好职业道德和操作规范、严谨细致的会计职业素养，在校期间取得会计从业资格证书，毕业后能够采用手工或者利用电子计算机技术从事中小企业的出纳岗位工作、会计核算岗位工作、财务管理岗位工作、涉税业务处理岗位工作和会计监督岗位工作，并具有可持续发展能力的高素质技能型人才。这个目标始终是纲，不能动摇，不能降低！降低了就不是会计专业了，就变成“收银员”培训班了。如果这样，放在培训机构就可以了，就不需要学校教育了。

我个人认为在高职会计专业教材建设中，以下几个问题必须认真抓好：

1. 按照工作过程系统化来开发课程和研制教材。第一，职业特征的课程或教材都来源于工作过程。知识来源于实践，人类知识是在长期的实践中不断总结的成果。第二，系统化就是一个加工过程，用时髦的话讲就是将行动领域转化为学习领域的过程。这个系统化的方法选择太重要了！以前，我们的课程和教材也是一种系统化，决不能说这种系统化的方法不科学，只是这种方法适合于抽象思维能力强的人群，而相对于高等教育大众化后抽象思维能力弱的高职学生来讲，这个系统化的方法要重新选择。这就是我们课程改革、教材改革的重点和难点。第三，会计工作过程系统化的重点和难点在哪里？在会计核算基本技术这门课程上！实际上，我们以前的财务会计、财务管理、审计、出纳业务、会计信息化等课程就是按照工作过程进行系统化设计的，或者说是按照岗位来设计的。我们没有必要把前人的经验全部推翻！

2. 校企合作共同开发教材。在教材的研制过程中，我们坚持“从实践中来，到实践中去”，就必须依靠行业、企业专家。只有这样，我们的教材内容、所采用的实训素材才能真正来源于社会实际生活，才能与社会实际生活相符。在此基础上，我们再进行提炼，做到来源于生活但又高于生活，从而达到理论和实践的完美结合。

3. 必须与行业标准和职业资格接轨。会计的行业标准，就是财政部制定的标准，不管怎么改革，我们必须围绕这个标准来做，否则，就是瞎折腾！

研制出一套能全面准确地阐述和把握会计专业最新的发展动态和理论成果，充分吸收本专业国内外前沿研究成果，科学系统地归纳知识点的相互联系与发展规律，反映高职学生的心理特点和认知规律的会计系列教材，是我们广大会计教育工作者义不容辞的责任和义务。基于此，2010年12月底，在武汉大学出版社和襄樊职业技术学院经济管理学院的大力支持下，我们组织了全国34所高职院校和部分本科院校的会计系主任、会计教研室主任和会计专业教师60多人，齐聚湖北襄阳，从讨论会计专业课程标准入手，共商编写一套体系完整、内容翔实、特色鲜明、质量上乘的会计系列教材。经过无数次的讨论、碰撞与磨合，我们取得了共识，并开始着手教材的编写工作。这些教材是老师们几十年教学经验的积累，是长期致力于教学改革的成果。有的课程是国家级精品课程，有的是教育部教指委精品课程，有的是省级精品课程，有的是院级精品课程。这次出版可共享教学改革的成果，同时也起到抛砖引玉的作用，希望后人能够不断创新，研制出更好的会计教材。

尽管我们在编写这套系列教材过程中进行了不懈的探索，付出了艰辛的劳动，并取得了一定的成果，但我们深感做得还很不够，需要我们改革的地方，需要我们突破的地方，需要我们创新的地方还很多，任重道远。加之时间仓促以及认识水平上的差异，这套系列教材不可避免地存在一些缺点和不足，我们恳请广大读者和同行不吝赐教。

一套精品教材，必须经过多次磨合、反复修改，才能逐步完善。路漫漫其修远兮，吾将上下而求索。在下一次修订出版时，我们会做得更好！

田家富

教育部高职高专工商管理教指委财务会计分委会委员

会计核算基本技术国家级精品课程负责人

国家级精品课程评审专家

湖北省高职学会财经教学组副组长

襄阳职业技术学院经济管理学院教授、院长

前言

本书是《财务会计实务》(第二版)的配套技能训练，主要为计算分析及会计账务处理题，训练题与教材知识点对应，各章训练题紧扣教材内容，便于学生有针对性地巩固所学的知识，加深对教材内容的理解和掌握。同时，对存货核算、固定资产核算、往来款项核算、职工薪酬核算及财务成果核算，本书还设计了仿真训练题，以训练学生填制和审核原始凭证、编制记账凭证和登记会计账簿的实务操作能力。

考虑到学生独立训练的重要性，本书未提供标准答案。

本书由刘世荣、陈丽琴任主编，刘海燕、吕均刚任副主编。刘世荣(襄阳职业技术学院)负责编写学习情境一、二、三、四，陈丽琴(湖北工业职业技术学院)负责编写学习情境五、六，刘海燕(襄阳职业技术学院)负责编写学习情境七，吕均刚(襄阳职业技术学院)负责编写学习情境八。在本书编写过程中，参阅了相关教材和习题集，也得到了很多院校领导和老师的大力支持，在此一并表示真诚的谢意。

由于编者水平有限，书中错误难免，恳请读者谅解并提出宝贵意见。

编　者

2015年4月

前言

目 录

学习情境一
财产物资核算

任务一 存货的核算

技能训练一

1. 目的：练习存货入账价值的确定方法。

2. 资料：A 公司为增值税一般纳税企业，适用增值税税率为 17%。公司本月购进甲原材料 100 吨，增值税专用发票记载货款为 100 万元，增值税为 17 万元；货物运输业增值税专用发票记载运输费 2 万元，增值税为 0.22 万元，发生的保险费为 5 万元，入库前的挑选整理费用为 3 万元；验收入库时发现数量短缺 10%，经查属于运输途中合理损耗。以上款项均以银行存款支付，材料已入库。A 公司对原材料按实际成本计价核算。

3. 要求：

(1)计算该批甲原材料的入账价值和单位成本。

(2)编制购进甲材料的会计分录(“应交税费”科目需写出明细科目)。

技能训练二

1. 目的：练习存货按实际成本计价发出存货成本的确定方法。

2. 资料：甲公司 2014 年 12 月 A 商品有关收、发、存情况如下：

(1)12 月 1 日结存 300 件，2 万元/件；

(2)12 月 8 日购入 200 件，2. 2 万元/件；

(3)12 月 10 日发出 400 件；

(4)12 月 20 日购入 300 件，2. 3 万元/件；

(5)12 月 28 日发出 200 件；

(6)12 月 31 日购入 200 件，2. 5 万元/件。

3. 要求：分别用先进先出法、移动加权平均法、月末一次加权平均法计算 A 商品 2014 年 12 月发出存货的成本和 2014 年 12 月 31 日结存存货的成本。

技能训练三

1. 目的：练习存货按实际成本计价法核算的会计账务处理方法。

2. 资料：前进厂为增值税一般纳税人，材料按实际成本计价核算。该企业 2014 年 7 月发生经济业务如下：

(1)1 日，将上月末已收料尚未付款的暂估入账材料用红字冲回，金额为75 000元。

(2)5 日，上月已付款的在途 A 材料已验收入库，A 材料成本为50 000元。

(3)8 日，向甲企业购入 A 材料，增值税专用发票记载买价100 000元，增值税17 000元，甲企业已代垫运杂费1 500元、增值税 165 元。企业签发并承兑一张票面金额为118 665元、两个月期限的商业汇票结算材料款项，材料已验收入库。

(4)9 日，按照合同规定，向乙企业预付购料款80 000元，已开出转账支票支付。

(5)11 日，向丙企业采购 B 材料，增值税专用发票记载材料买价为30 000元，增值税为5 100元，款项35 100元用银行本票存款支付，材料已验收入库。

(6)12 日，向丁企业采购 A 材料 1 000 千克，增值税专用发票记载买价为120 000元，增值税为20 400元，丁企业已代垫运杂费2 000元、增值税 220 元。价款共计142 620元已通过托收承付结算方式支付，材料尚未收到。

(7)20 日，向丁企业购买的 A 材料运达，验收入库 950 千克，短缺 50 千克，原因待查。

(8)25 日，用预付货款方式向乙企业采购的 B 材料已验收入库，增值税专用发票记载材料价款70 000元，增值税11 900元，当即开出一张转账支票补付货款1 900元。

(9)28 日，A 材料短缺 50 千克的原因已查明，是丁企业少发货所致，丁企业已同意退款但款项尚未收到。

(10)30 日，向甲企业购买 A 材料，材料已验收入库，结算单据等仍未到达，按暂估价60 000元入账。

(11)31 日，根据发料凭证汇总表，本月基本生产车间领用原材料423 000元，车间一般性消耗领用80 500元，厂部管理部门领用78 600元，设备安装工程领用52 300元。

3. 要求：编制以上经济业务相关会计分录(“应交税费”科目需写出明细科目)。

技能训练四

1. 目的：练习存货按计划成本计价法核算的会计账务处理方法。

2. 资料：北方厂为增值税一般纳税人，材料按计划成本计价核算。该企业 2014 年 7 月初“原材料”科目为借方余额135 000元，“材料成本差异”科目为借方余额 11 961. 4 元。7 月发生经济业务如下：

(1)4 日，上月甲企业发来的在途 A 材料已到达并验收入库，该批材料实际成本

75 4000元，计划成本77 700元。

(2)10 日，向乙企业采购 A 材料，增值税专用发票记载价款110 000元、增值税18 700元，货物运输业增值税专用发票记载运杂费1 600元、增值税 176 元，全部款项130 476元已用银行存款支付，材料已验收入库，计划成本为110 000元。

(3)12 日，向甲企业购入 A 材料，增值税专用发票记载价款150 000元、增值税25 500元，该企业已代垫运杂费2 000元、增值税 220 元。企业签发并承兑一张票面价值为177 720元、一个月到期的商业汇票结算材料款项，该批材料已验收入库，计划成本为146 000元。

(4)15 日，向丙企业采购 B 材料 4 000 千克，增值税专用发票记载价款为150 000元、增值税为25 500元，丙企业已代垫运杂费2 400元、增值税 264 元。货款共计178 164元已用银行存款支付，材料尚未收到。

(5)25 日，向丙企业购买的 B 材料已运达，实际验收入库 3 930 千克，短缺 70 千克属定额内合理损耗。B 材料计划单位成本为 38 元。

(6)26 日，按照合同规定，向丁企业预付购料款50 000元，已开出转账支票支付。

(7)28 日，向丙企业购买 B 材料，增值税专用发票记载价款1 00 000元、增值税17 000元，丙企业代垫运杂费1 800元、增值税 198 元，货款共118 998元，已用银行汇票存款支付，材料尚未收到。

(8)31 日，向乙企业采购 A 材料，发票账单等已收到，材料价款为60 000元、增值税为10 200元，货物运输业增值税专用发票记载运杂费为 900 元、增值税 99 元，材料已验收入库，计划成本为60 000元，货款尚未支付。

(9)31 日，根据发料凭证汇总表，本月领用材料的计划成本为538 000元，其中：生产领用396 000元，车间管理部门领用45 000元，厂部管理部门领用67 000元，设备安装工程领用30 000元。

3. 要求：

(1)编制以上经济业务相关会计分录(“应交税费”科目需写出明细科目)；

(2)计算 7 月的材料成本差异率并分摊差异。

技能训练五

1. 目的：练习委托加工物资的会计账务处理方法。

2. 资料：C 公司是增值税一般纳税企业，适用的增值税税率为 17%，原材料按计划成本核算。2015 年 6 月委托甲企业加工乙材料一批，其相关的经济业务如下：

(1)1 日，发出甲材料一批，计划成本12 000元，材料成本差异率为 3%，以现金支付运杂费 300 元及增值税 33 元。

(2)25 日，该批乙材料已加工完成，C 公司提货时，取得增值税专用发票，发票记载加工费5 000元、增值税850元、取得货物运输业增值税专用发票，发票记载运杂费400元、增值税44元，甲企业代扣代缴消费税500元。上述款项已于提货当日开出转账支票支付。C公司决定该批乙材料用于继续加工应税消费品。

(3)26日，委托加工的乙材料已验收入库。该批乙材料的计划成本为18 000元。

3. 要求：编制上述经济业务的会计分录("应交税费"科目需写出明细科目)。

技能训练六

1. 目的：练习周转材料的会计账务处理方法。

2. 资料：某企业周转材料采用计划成本进行日常核算，低值易耗品和出租的包装物采用五五摊销法进行摊销。

(1)2014年10月5日，企业领用包装物用于出租，包装物的计划成本1 800元，成本差异率为2%，当月包装物租金收入1 200元尚未收到，其租金收入适用5%的营业税税率。

(2)2014年10月8日，车间领用低值易耗品一批，其计划成本3 200元，成本差异率为5%。

(3)2014年10月29日，报废在用管理用具一批，其计划成本为1 400元，收回残料计价80元。

3. 要求：编制上述经济业务的会计分录("周转材料"、"应交税费"和"材料成本差异"科目需写出明细科目)。

技能训练七

1. 目的：练习商业零售业"售价金额核算法"。

2. 资料：丰华商场为增值税一般纳税人，适用的增值税税率为17%，采用售价金额核算法对发出存货进行计价。该商场2015年2月期初库存日用百货的进价成本为30万元，售价为40万元。本期购入日用百货的进价成本为270万元，售价为360万元。本期销售收入为340万元。

3. 要求：计算丰华商场2015年2月以下项目。

(1)日用百货的进销差价率；

(2)已销日用百货应分摊的进销差价；

(3)已销日用百货的实际成本；

(4)期末库存日用百货的进价成本。

技能训练八

1. 目的：练习流通业商品销售成本和期末库存商品成本计算的“毛利率法”。

2. 资料：甲企业经营商品批发业务，为增值税一般纳税人，适用的增值税税率为17%，采用毛利率法对发出存货进行计价。该企业2015年5月商品销售收入总额为700万元；当期实际发生的销售折让30万元，尚未从商品销售收入总额中扣减；当期实际发生现金折扣20万元；当期发生销售退回10万元，已从商品销售收入总额中扣减。该企业期初库存商品的实际成本80万元，本期购入商品的实际成本560万元。本期计划毛利率为18%。

3. 要求：计算甲企业2015年5月以下项目。

(1)已销商品的实际成本；

(2)期末库存商品的实际成本。

技能训练九

1. 目的：练习企业存货清查的会计账务处理方法。

2. 资料：D公司原材料按实际成本计价核算。该公司年末在对存货进行清查的过程中，盘盈甲材料20吨，单位成本500元；盘亏乙材料200千克，单位成本10元；发现毁损丙材料400米，单位成本30元；因雪灾毁损丁材料50吨，单位成本1 000元。随后，经查盘盈的甲材料属于材料收发计量方面的错误；盘亏的乙材料属于一般经营损失；毁损的丙材料由保管员的过失造成，企业决定让其赔偿800元(拟从工资中扣除)，其余作为企业的损失；毁损的丁材料经协商由保险公司赔偿35 000元，其残料价值2 000元，其余损失由D公司承担。不考虑进项税额转出。

3. 要求：编制存货清查的会计分录(“待处理财产损溢”科目和“原材料”科目需写出明细科目)。

技能训练十

1. 目的：练习企业存货的期末计量方法。

2. 资料：大海公司为工业企业，属于增值税一般纳税人，适用的增值税税率为17%。2013年下半年发生如下经济业务：

(1)自产A产品一批，成本为120万元。至2013年12月31日，生产的A产品尚未对外销售，当日市场销售价格为113万元，预计销售该批A产品将要发生相关费用3万元。

(2)2014年8月1日，大海公司将上述A产品以80万元的价格售出了60%(假定为一次性售出，款项已经存入银行)。

(3)至2014年12月31日，剩余40%的A产品与长江公司签订了销售合同，合同价格为62万元，预计将发生销售费用2万元。

假定：大海公司存货跌价准备按单项存货项目分别计提。

3. 要求：根据以上资料，逐笔编制相关的会计分录。

技能训练十一

1. 目的：练习企业存货的期末计量方法。

2. 资料：甲公司是一家生产电子产品的上市公司，为增值税一般纳税企业。2014年12月31日，甲公司期末存货有关资料如下：

存货品种	数量	单位成本(万元)	账面余额(万元)	备注
A产品	280台	15	4 200	
B产品	500台	3	1 500	
C产品	1 000台	1.7	1 700	
W配件	400件	1.5	600	用于生产C产品
合计			8 000	

(1)2014年12月31日，A产品市场销售价格为每台13万元，预计销售费用及税金为每台0.5万元。

(2)2014 年 12 月 31 日，B 产品市场销售价格为每台 3 万元。甲公司已经与某企业签订一份不可撤销的销售合同，约定在 2015 年 2 月 10 日向该企业销售 B 产品 300 台，合同价格为每台 3.2 万元。B 产品预计销售费用及税金为每台 0.2 万元。

(3)2014 年 12 月 31 日，C 产品市场销售价格为每台 2 万元，预计销售费用及税金为每台 0.15 万元。

(4)2014 年 12 月 31 日，W 配件的市场销售价格为每件 1.2 万元。现有 W 配件可用于生产 400 台 C 产品，用 W 配件加工成 C 产品后预计 C 产品单位成本为 1.75 万元。

(5)2013 年 12 月 31 日 A 产品和 C 产品的存货跌价准备余额分别为 800 万元和 150 万元，对其他存货未计提存货跌价准备；2014 年销售 A 产品和 C 产品分别结转存货跌价准备 200 万元和 100 万元。

甲公司按单项存货、按年计提跌价准备。

3. 要求：计算甲公司 2014 年 12 月 31 日应计提或转回的存货跌价准备，并编制相关的会计分录。

技能训练十二

1. 目的：

(1)了解存货岗位的基本核算流程。

(2)全面练习材料采购、入库、发出、结存的核算手续及会计账务处理方法。

(3)熟悉库存商品入库、发出、结存的核算手续及会计账务处理方法。

2. 核算任务：

(1)开设原材料、在途物资、委托加工物资明细账；

(2)填制、审核经济业务原始凭证；

(3)根据原始凭证编制记账凭证；

(4)登记原材料、在途物资、委托加工物资明细账。

实训耗材：记账凭证 40 张，数量金额式明细账页 7 页，横线登记式明细账页 1 页，三栏式明细账页 1 页。

3. 实训业务资料：

宏远有限责任公司为增值税一般纳税人，存货采用实际成本计价法核算。发出存货成本确定方法：木板采用先进先出法、其余原材料采用月末一次加权平均法计价；领用周转材料采用一次摊销法摊销。2015 年 5 月 31 日有关存货账户余额如下：

总账账户	明细账户	数量	单位成本(元)	金额(元)
原材料	甲材料	1 500(千克)	61	91 500
原材料	乙材料	200(千克)	30	6 000
原材料	丙材料	500(千克)	35	17 500
原材料	机物料	1 680(千克)	14.88	25 000
原材料	修理用配件	2 000(个)	10	20 000
原材料	木板	50(立方米)	500	25 000
周转材料	低值易耗品	1 500(件)	10	15 000

宏远有限责任公司 2015 年 6 月发生以下经济业务：

(1)1 日，企业从武汉市物资公司采购甲材料 4 000 千克，单价 62 元；购入丙材料 4 000千克，单价 36 元，运费 1 552.8 元(武汉市物资公司代垫)，取得湖北省增值税专用发票及武汉铁路局货物运费收据，经审核无误，开出电汇凭证支付货款及运费。

凭 1-1　　**湖北省增值税专用发票**　　NO.

开票日期：2015 年 6 月 1 日

<table>
<tr><td>购货单位</td><td colspan="4">名称：宏远有限责任公司
纳税人识别号：0208878996847876
地址、电话：上海市浦东路 208 号
开户行及账号：工商银行上海市浦东支行 6442848-001600212406</td><td>密码区</td><td colspan="2">2/987327+3/68＊3879
/><06229442/597292
380702＊03/46+<0014
168+7968283/45+/26</td><td>加密版：
××××××××</td><td rowspan="7">第一联 发票联 购货方记账凭证</td></tr>
<tr><td colspan="2">货物及应税劳务名称</td><td>规格型号</td><td>单位</td><td>数量</td><td>单价</td><td>金额</td><td>税率</td><td>税额</td></tr>
<tr><td colspan="2">甲材料</td><td></td><td>千克</td><td>4 000</td><td>62.00</td><td>248 000.00</td><td>17%</td><td>42 160.00</td></tr>
<tr><td colspan="2">丙材料</td><td></td><td>千克</td><td>4 000</td><td>36.00</td><td>144 000.00</td><td>17%</td><td>24 480.00</td></tr>
<tr><td colspan="2">合　计</td><td></td><td></td><td></td><td></td><td>392 000.00</td><td>17%</td><td>66 640.00</td></tr>
<tr><td colspan="2">价税合计(大写)</td><td colspan="7">肆拾伍万捌仟陆佰肆拾元整　　￥458 640.00</td></tr>
<tr><td>销货单位</td><td colspan="5">名称：武汉市物资公司
纳税人识别号
地址、电话：
开户行及账号：</td><td>备注</td><td colspan="2"></td></tr>
</table>

凭 1-2

湖北省增值税专用发票

NO.

开票日期：2015 年 6 月 1 日

购货单位	名称：宏远有限责任公司 纳税人识别号：0208878996847876 地址、电话：上海市浦东路 208 号 开户行及账号：工商银行上海市浦东支行 6442848-001600212406			密码区	2/987327+3/68 * 3879 /><06229442/597292 380702 * 03/46+<0014 168+7968283/45+/26		加密版：×××××××××	
货物及应税劳务名称	规格型号	单位	数量	单价	金额	税率	税额	第三联 抵扣联
甲材料		千克	4 000	62.00	248 000.00	17%	42 160.00	
丙材料		千克	4 000	36.00	144 000.00	17%	24 480.00	
合　计					392 000.00	17%	66 640.00	
价税合计(大写)	肆拾伍万捌仟陆佰肆拾元整				¥458 640.00			
销货单位	名称：武汉市物资公司 纳税人识别号 地址、电话： 开户行及账号：			备注				

凭 1-3

武汉铁路局货物运费收据

付款单位或姓名：宏远有限责任公司　　2015 年 6 月 1 日　　NO：

原运输票据	2015 年 6 月 1 日第 28 号		办理种别	
发　站	武汉		到　站	上海
车种车号			标　准	
货物名称	件　数	包　装	重　量	计费金额
甲材料				1 552.80
丙材料				1 552.80
类　别	费　率	数　量	金　额	附　记
运杂费			3 105.60	
合计			¥3 105.60	
合计金额(大写)	叁仟壹佰零伍元陆角整			
收款单位：武汉火车站货运部		经办人：		

凭 1-4　　　　　　　　　　**电汇委托书　第一联(电汇回单)**

汇款单位编号：

科目

对方科目　　　　　　委托日期 2015 年 6 月 1 日　　　　　　No：

<table>
<tr><td rowspan="3">汇款单位</td><td>全称</td><td colspan="3">宏远有限责任公司</td><td rowspan="3">收款单位</td><td>全称</td><td colspan="3">武汉市物资公司</td><td rowspan="6">此联由汇出行盖章后退给汇款单位作回单</td></tr>
<tr><td>账号</td><td colspan="3">6442848-001600212406</td><td>账号</td><td colspan="3">097779845</td></tr>
<tr><td>汇出地点</td><td>上海浦东路 208 号</td><td>汇出行</td><td>工商银行上海市浦东支行</td><td>汇入地点</td><td></td><td>汇入行</td><td></td></tr>
<tr><td>金额</td><td colspan="9">人民币
(大写)肆拾陆万壹仟柒佰肆拾伍元陆角整　　　¥461 745. 60</td></tr>
<tr><td colspan="2">汇款用途</td><td colspan="3">支付货款及运费</td><td colspan="5" rowspan="2">(汇出行盖章)
2015 年 6 月 1 日</td></tr>
<tr><td colspan="5">上列款项已根据委托办理，如需查询请持此回单来行面洽。

单位主管：　会计：　出纳：　记账：</td></tr>
</table>

(2)2 日，发出木板 12 立方米，实际成本 6 000 元。委托新星木材加工厂加工包装箱 500 个。

凭 2-1　　　　　　　　　　**领　料　单**

领料部门 新星木材加工厂　　　　(三联式)　　　　№ 0013751

用　　途 委托加工包装箱　　　　2015 年 6 月 2 日　　　　领字第 001 号

<table>
<tr><td colspan="3">材　　料</td><td rowspan="2">单位</td><td colspan="2">数　　量</td><td colspan="2">成　　本</td><td rowspan="2">材料账页</td><td rowspan="6">第二联：财务记账</td></tr>
<tr><td>编号</td><td>名　　称</td><td>规格</td><td>请领</td><td>实发</td><td>单价</td><td>总　　价</td></tr>
<tr><td></td><td>木板</td><td></td><td>立方米</td><td>12</td><td>12</td><td>500. 00</td><td>6 000. 00</td><td></td></tr>
<tr><td></td><td></td><td></td><td></td><td></td><td></td><td></td><td></td><td></td></tr>
<tr><td></td><td></td><td></td><td></td><td></td><td></td><td></td><td></td><td></td></tr>
<tr><td colspan="5">合　　计</td><td>12</td><td>500. 00</td><td>6 000. 00</td><td></td></tr>
</table>

主管：　　会计：　　记账：　　保管：李四　　发料：李四　　领料：张三

(3)2 日，1 日购入的甲、丙材料已如数验收入库。补充填制收料单，下同。

凭 3-1

收　料　单

（三联式）

请购单号 ________　　　　　　　　　　　　　　　　　№ 0013210

发票号数　　　　　　　　2015 年 6 月 2 日　　　　　　　收料字第 001 号

材料		单位	数量	发票金额		应摊运杂费	实际成本		材料账
编号	名称及规格			单价	金额		单价	金　额	
	甲材料	千克	4 000	62.00	248 000.00				
	丙材料	千克	4 000	36.00	144 000.00				

第二联：财务记账

核准：　　　会计：　　　记账：　　　保管：李四　　　供应：　　　验收：李四

（4）3 日，企业购入华宇物资公司乙材料 1 000 千克，单价 30 元，已取得上海市增值税专用发票，货款尚未支付，支付运费及增值税1 054.5元。材料验收入库时发现短缺 110 千克。经查属自然损耗 10 千克，另 100 千克属运输单位运输途中丢失，运输单位已同意赔偿。

凭 4-1

上海市增值税专用发票　　　　　　　　　　NO.

开票日期：2015 年 6 月 3 日

购货单位	名称：宏远有限责任公司 纳税人识别号：0208878996847876 地址、电话：上海市浦东路 208 号 开户行及账号：工商银行上海市浦东支行 6442848-001600212406	密码区	2/987327+3/68＊3879 /><06229442/597292 380702＊03/46+<0014 168+7968283/45+/26	加密版： ××××××××××

货物及应税劳务名称	规格型号	单位	数量	单价	金额	税率	税额
乙材料		千克	1 000	30.00	30 000.00	17%	5 100.00
合　计			1 000	30.00	30 000.00	17%	5 100.00
价税合计（大写）	叁万伍仟壹佰元整			¥35 100.00			

销货单位	名称：华宇物资公司 纳税人识别号 地址、电话： 开户行及账号：	备注	

第一联　发票联　购货方记账凭证

凭 4-2

上海市增值税专用发票 NO.

开票日期：2015 年 6 月 3 日

<table>
<tr><td>购货单位</td><td colspan="4">名称：宏远有限责任公司
纳税人识别号：020887899684787б
地址、电话：上海市浦东路 208 号
开户行及账号：工商银行上海市浦东支行
6442848-001600212406</td><td>密码区</td><td colspan="2">2/987327+3/68 * 3879
/><06229442/597292
380702 * 03/46+<0014
168+7968283/45+/26</td><td>加密版：
×××××××××</td><td rowspan="5">第三联 抵扣联</td></tr>
<tr><td colspan="2">货物及应税劳务名称</td><td>规格型号</td><td>单位</td><td>数量</td><td>单价</td><td>金额</td><td>税率</td><td>税额</td></tr>
<tr><td colspan="2">乙材料</td><td></td><td>千克</td><td>1 000</td><td>30. 00</td><td>30 000. 00</td><td>17%</td><td>5100. 00</td></tr>
<tr><td colspan="2"></td><td></td><td></td><td></td><td></td><td></td><td></td><td></td></tr>
<tr><td colspan="2">合　计</td><td></td><td></td><td>1 000</td><td>30. 00</td><td>30 000. 00</td><td>17%</td><td>5 100. 00</td></tr>
<tr><td colspan="2">价税合计(大写)</td><td colspan="8">叁万伍仟壹佰元整　　¥35 100. 00</td></tr>
<tr><td>销货单位</td><td colspan="5">名称：华宇物资公司
纳税人识别号
地址、电话：
开户行及账号：</td><td>备注</td><td colspan="3"></td></tr>
</table>

凭 4-3

中国工商银行

转账支票存根

ⅣⅡ　00046677

附加信息

出票日期 2015 年 6 月 3 日

收款人：	××汽运公司
金　额：	¥1 054. 50
用　途：	支付运费

单位主管　　会计

凭 4-4

货物运输业增值税专用发票

发票联　　　　开票日期 2015 年 6 月 3 日

承运人及纳税人识别号	×××			密码区			
实际受票人及纳税人识别号	宏远有限责任公司						
收货人及纳税人识别号	0208878996847876			发货人及纳税人识别号			
起运地、经由、达到地							
费用项目及金额	运输费　950.00 元					运输货物信息	乙材料
合计金额	¥950.00	税率	11%	税额	¥104.50	机器编号	
价税合计(大写)壹仟零伍拾肆元伍角整						(小写)¥1 054.50	
车种车号		车船吨位		备注			
主管税务机关及代码							

收款人：××　　复核人：　　开票人：××　　承运人：(章)×××

第三联：发票联受票方记账凭证

凭 4-5

收　料　单

(三联式)

请购单号 ________　　　　№ 0013211

发票号数　　　　2015 年 6 月 3 日　　　　收料字第 002 号

材料		单位	数量	发票金额		应摊运杂费	实际成本		材料账
编号	名称及规格			单价	金额		单价	金额	
	乙材料	千克	890	30.00	30 000.00				

核准：　　会计：　　记账：　　保管：李四　　供应：　　验收：李四

第二联：财务记账

关于乙材料短缺 110 千克的报告与批示(略)。

(5)4 日，机修车间领用甲材料 1 200 千克。平时根据领料单登记相关明细账的实物数量，月末编制发料凭证汇总表并据以进行相关账务处理，下同。

凭 5-1

领　料　单

（三联式）

领料部门 机修车间　　　　№ 0013752

用　　途　　　　2015 年 6 月 4 日　　　　领字第 002 号

材料			单位	数量		成本		材料账页
编号	名称	规格		请领	实发	单价	总价	
	甲材料		千克	1 200	1 200			
合计								

第二联：财务记账

主管：　　会计：　　记账：　　保管：李四　　发料：李四　　领料：王五

（6）5 日，预付上海市第二物资公司材料款 50 000 元。

凭 6-1

中国工商银行

转账支票存根

ⅣⅡ　00046687

附加信息

出票日期 2015 年 6 月 5 日

收款人：上海市第二物资公司
金　额：¥ 50 000.00
用　途：预付材料款

单位主管　　　会计

凭 6-2

上海市企业单位统一收据

2015 年 6 月 5 日　　　　№

付款单位	宏远有限责任公司	收款单位	上海市第二物资公司								
人民币（大写）	伍万元整		百	十	万	千	百	十	元	角	分
				¥	5	0	0	0	0	0	0
收费项目	预收材料款										

收款单位：（盖章）　　　会计：　　　出纳：　　　交款人：

（7）6 日，一车间领用修理用配件 150 个，机修车间领用 800 个。

凭 7-1　　　　　　　　　　　　　　**领　料　单**

领料部门 一车间　　　　　　　　（三联式）　　　　　　　№ 0013753

用　　途　　　　　　　　　　2015 年 6 月 6 日　　　　　　领字第 003 号

材料			单位	数量		成本		材料账页
编号	名　称	规格		请领	实发	单价	总　价	
	修理用配件		个	150	150			
合　计								

第二联：财务记账

主管：　　　会计：　　　记账：　　　保管：李四　　　发料：李四　　　领料：赵六

凭 7-2　　　　　　　　　　　　　　**领　料　单**

领料部门 机修车间　　　　　　　（三联式）　　　　　　　№ 0013754

用　　途　　　　　　　　　　2015 年 6 月 6 日　　　　　　领字第 004 号

材料			单位	数量		成本		材料账页
编号	名　称	规格		请领	实发	单价	总　价	
	修理用配件		个	800	800			
合　计								

第二联：财务记账

主管：　　　会计：　　　记账：　　　保管：李四　　　发料：李四　　　领料：王五

（8）8 日，从上海市物资公司购入机物料 500 千克，单价 17 元，运费及增值税 160. 95 元，开具上海市增值税专用发票，货款以银行存款支付，材料已验收入库。

凭 8-1　　　　**上海市增值税专用发票**　　　　NO.

开票日期：2015 年 6 月 8 日

<table>
<tr><td>购货单位</td><td colspan="4">名称：宏远有限责任公司
纳税人识别号：0208878996847876
地址、电话：上海市浦东路 208 号
开户行及账号：工商银行上海市浦东支行 6442848-001600212406</td><td>密码区</td><td colspan="2">2/987327+3/68＊3879
/><06229442/597292
380702＊03/46+<0014
168+7968283/45+/26</td><td>加密版：
×××××××××</td><td rowspan="6">第一联　发票联　购货方记账凭证</td></tr>
<tr><td colspan="2">货物及应税劳务名称</td><td>规格型号</td><td>单位</td><td>数量</td><td>单价</td><td>金额</td><td>税率</td><td>税额</td></tr>
<tr><td colspan="2">机物料</td><td></td><td>千克</td><td>500</td><td>17.00</td><td>8 500.00</td><td>17%</td><td>1 445.00</td></tr>
<tr><td colspan="2"></td><td></td><td></td><td></td><td></td><td></td><td></td><td></td></tr>
<tr><td colspan="2">合　计</td><td></td><td></td><td></td><td></td><td>8 500.00</td><td>17%</td><td>1 445.00</td></tr>
<tr><td colspan="2">价税合计(大写)</td><td colspan="7">玖仟玖佰肆拾伍元整　　　　¥9 945.00</td></tr>
<tr><td>销货单位</td><td colspan="5">名称：上海市物资公司
纳税人识别号
地址、电话：
开户行及账号：</td><td>备注</td><td colspan="3"></td></tr>
</table>

凭 8-2　　　　**上海市增值税专用发票**　　　　NO.

开票日期：2015 年 6 月 8 日

<table>
<tr><td>购货单位</td><td colspan="4">名称：宏远有限责任公司
纳税人识别号：0208878996847876
地址、电话：上海市浦东路 208 号
开户行及账号：工商银行上海市浦东支行 6442848-001600212406</td><td>密码区</td><td colspan="2">2/987327+3/68＊3879
/><06229442/597292
380702＊03/46+<0014
168+7968283/45+/26</td><td>加密版：
×××××××××</td><td rowspan="6">第三联　抵扣联</td></tr>
<tr><td colspan="2">货物及应税劳务名称</td><td>规格型号</td><td>单位</td><td>数量</td><td>单价</td><td>金额</td><td>税率</td><td>税额</td></tr>
<tr><td colspan="2">机物料</td><td></td><td>千克</td><td>500</td><td>17.00</td><td>8 500.00</td><td>17%</td><td>1 445.00</td></tr>
<tr><td colspan="2"></td><td></td><td></td><td></td><td></td><td></td><td></td><td></td></tr>
<tr><td colspan="2">合　计</td><td></td><td></td><td></td><td></td><td>8 500.00</td><td>17%</td><td>1 445.00</td></tr>
<tr><td colspan="2">价税合计(大写)</td><td colspan="7">玖仟玖佰肆拾伍元整　　　　¥9 945.00</td></tr>
<tr><td>销货单位</td><td colspan="5">名称：上海市物资公司
纳税人识别号
地址、电话：
开户行及账号：</td><td>备注</td><td colspan="3"></td></tr>
</table>

凭 8-3

中国工商银行

转账支票存根

ⅣⅡ 00046688

附加信息______________

____

____

____

出票日期 2015 年 6 月 8 日

收款人：上海市物资公司
金　额：￥9 945.00
用　途：支付货款

单位主管　　会计

凭 8-4

货物运输业增值税专用发票

发票联　　开票日期 2015 年 6 月 8 日

承运人及纳税人识别号	×××			密码区			
实际受票人及纳税人识别号	宏远有限责任公司						
收货人及纳税人识别号	0208878996847876			发货人及纳税人识别号			
起运地、经由、达到地							
费用项目及金额	运输费　145.00 元				运输货物信息	机物料	
合计金额	￥145.00	税率	11%	税额	￥15.95	机器编号	
价税合计(大写)壹佰陆拾元玖角伍分						(小写)￥160.95	
车种车号		车船吨位		备注			
主管税务机关及代码							

第三联：发票联受票方记账凭证

收款人：　　复核人：　　开票人：　　承运人：(章)

凭 8-5

中国工商银行

转账支票存根

ⅣⅡ 00046689

附加信息

出票日期 2015 年 6 月 8 日

收款人：上海市物资公司
金　额：¥160.95
用　途：支付运费

单位主管　　会计

凭 8-6

收　料　单

（三联式）

请购单号 ________　　№ 0013212

发票号数　　2015 年 6 月 8 日　　收料字第 003 号

材料		单位	数量	发票金额		应摊运杂费	实际成本		材料账
编号	名称及规格			单价	金额		单价	金　额	
	机物料	千克	500	17.00	8 500.00				

第二联：财务记账

核准：　　会计：　　记账：　　保管：李四　　供应：　　验收：李四

(9)9 日，公司一车间领用甲材料 3 500 千克用于生产 A 产品；领用乙材料1 050千克用于生产 B 产品；领用丙材料4 500千克用于生产 A、B 两种产品(A 产品耗用2 500千克、B 产品耗用2 000千克)。

凭 9-1　　　　**领　料　单**

领料部门 一车间　　　　（三联式）　　　　№ 0013755

用　　途 A 产品　　　　2015 年 6 月 9 日　　　　领字第 005 号

材料			单位	数量		成本		材料账页
编号	名称	规格		请领	实发	单价	总价	
	甲材料		千克	3 500	3 500			
合计								

第二联：财务记账

主管：　　会计：　　记账：　　保管：李四　　发料：李四　　领料：赵六

凭 9-2　　　　**领　料　单**

领料部门 一车间　　　　（三联式）　　　　№ 0013756

用　　途 B 产品　　　　2015 年 6 月 9 日　　　　领字第 006 号

材料			单位	数量		成本		材料账页
编号	名称	规格		请领	实发	单价	总价	
	乙材料		千克	1 050	1 050			
合计								

第二联：财务记账

主管：　　会计：　　记账：　　保管：李四　　发料：李四　　领料：赵六

凭 9-3　　　　**领　料　单**

领料部门 一车间　　　　（三联式）　　　　№ 0013757

用　　途 A、B 产品　　　　2015 年 6 月 9 日　　　　领字第 007 号

材料			单位	数量		成本		材料账页
编号	名称	规格		请领	实发	单价	总价	
	丙材料		千克	4 500	4 500			
合计								

第二联：财务记账

主管：　　会计：　　记账：　　保管：李四　　发料：李四　　领料：赵六

（10）10 日，生产的 A 产品入库 2 400 件，B 产品入库 900 件。平时根据入库单登记相关产成品明细账的实物数量，月末结转完工产品成本，下同。

凭 10-1 **入库通知单** № 0038426

送货单位：一车间 2015 年 6 月 10 日 入库字第 001 号附单据 张

编号	名称	规格	单位	应收数量	实收数量	单价	金额	附注
	A 产品		件	2 400	2 400			
合计								

第二联：财务记账

会计： 仓库主管： 保管：万花 经手： 采购：

凭 10-2 **入库通知单** № 0038427

送货单位：一车间 2015 年 6 月 10 日 入库字第 002 号附单据 张

编号	名称	规格	单位	应收数量	实收数量	单价	金额	附注
	B 产品		件	900	900			
合计								

第二联：财务记账

会计： 仓库主管： 保管：万花 经手： 采购：

（11）12 日，领用机物料，一车间 800 千克，机修车间 700 千克，厂部 400 千克。

凭 11-1 **领料单**

（三联式）

领料部门 一车间 № 0013758

用途 2015 年 6 月 12 日 领字第 008 号

材料			单位	数量		成本		材料账页
编号	名称	规格		请领	实发	单价	总价	
	机物料		千克	800	800			
合计								

第二联：财务记账

主管： 会计： 记账： 保管：李四 发料：李四 领料：赵六

凭 11-2

领 料 单

领料部门 机修车间　　（三联式）　　№ 0013759

用　　途　　2015 年 6 月 12 日　　领字第 009 号

材料			单位	数量		成本		材料账页
编号	名　称	规格		请领	实发	单价	总　价	
	机物料		千克	700	700			
合　计								

第二联：财务记账

主管：　　会计：　　记账　　保管：李四　　发料：李四　　领料：王五

凭 11-3

领 料 单

领料部门 厂部　　（三联式）　　№ 0013760

用　　途　　2015 年 6 月 12 日　　领字第 010 号

材料			单位	数量		成本		材料账页
编号	名　称	规格		请领	实发	单价	总　价	
	机物料		千克	400	400			
合　计								

第二联：财务记账

主管：　　会计：　　记账：　　保管：李四　　发料：李四　　领料：田七

（12）14 日，收到上海市增值税专用发票，从上海市第二物资公司购进甲材料1 400千克，单价 60 元，价款已于本月 5 日预付。甲材料已如数验收入库。

凭 12-1

上海市增值税专用发票

NO.

开票日期：2015 年 6 月 14 日

购货单位	名称：宏远有限责任公司 纳税人识别号：0208878996847876 地址、电话：上海市浦东路 208 号 开户行及账号：工商银行上海市浦东支行 6442848-001600212406			密码区	2/987327+3/68 * 3879 /><06229442/597292 380702 * 03/46+<0014 168+7968283/45+/26		加密版： ×××××××××	第一联 发票联 购货方记账凭证
货物及应税劳务名称	规格型号	单位	数量	单价	金额	税率	税额	
甲材料		千克	1 400	60.00	84 000.00	17%	14 280.00	
合　计					84 000.00	17%	14 280.00	
价税合计(大写)	玖万捌仟贰佰捌拾元整				¥98 280.00			
销货单位	名称：上海市第二物资公司 纳税人识别号 地址、电话： 开户行及账号：			备注				

凭 12-2

上海市增值税专用发票

NO.

开票日期：2015 年 6 月 14 日

购货单位	名称：宏远有限责任公司 纳税人识别号：0208878996847876 地址、电话：上海市浦东路 208 号 开户行及账号：工商银行上海市浦东支行 6442848-001600212406			密码区	2/987327+3/68 * 3879 /><06229442/597292 380702 * 03/46+<0014 168+7968283/45+/26		加密版： ×××××××××	第三联 抵扣联
货物及应税劳务名称	规格型号	单位	数量	单价	金额	税率	税额	
甲材料		千克	1 400	60.00	84 000.00	17%	14 280.00	
合　计					84 000.00	17%	14 280.00	
价税合计(大写)	玖万捌仟贰佰捌拾元整				¥98 280.00			
销货单位	名称：上海市第二物资公司 纳税人识别号 地址、电话： 开户行及账号：			备注				

凭 12-3

收 料 单

（三联式）

请购单号 ________　　　　№ 0013213

发票号数　　2015 年 6 月 16 日　　收料字第 004 号

材料		单位	数量	发票金额		应摊运杂费	实际成本		材料账
编号	名称及规格			单价	金额		单价	金额	
	甲材料	千克	1 400	60.00	84 000.00				

第二联：财务记账

核准：　会计：　记账：　保管：李四　供应：　验收：李四

（13）18 日，向建新物资公司购丙材料 700 千克，单价 36 元，取得上海市增值税专用发票，款已支付，并验收入库。

凭 13-1

上海市增值税专用发票

NO.

开票日期：2015 年 6 月 18 日

<table>
<tr><td>购货单位</td><td colspan="4">名称：宏远有限责任公司
纳税人识别号：0208878996847876
地址、电话：上海市浦东路 208 号
开户行及账号：工商银行上海市浦东支行 6442848-001600212406</td><td>密码区</td><td colspan="2">2/987327+3/68＊3879
/><06229442/597292
380702＊03/46+<0014
168+7968283/45+/26</td><td>加密版：
××××××××××</td></tr>
<tr><td colspan="2">货物及应税劳务名称</td><td>规格型号</td><td>单位</td><td>数量</td><td>单价</td><td>金额</td><td>税率</td><td>税额</td></tr>
<tr><td colspan="2">丙材料</td><td></td><td>千克</td><td>700</td><td>36.00</td><td>25 200.00</td><td>17%</td><td>4 284.00</td></tr>
<tr><td colspan="2"></td><td></td><td></td><td></td><td></td><td></td><td></td><td></td></tr>
<tr><td colspan="2">合　计</td><td></td><td></td><td></td><td></td><td>25 200.00</td><td>17%</td><td>4 284.00</td></tr>
<tr><td colspan="2">价税合计（大写）</td><td colspan="5">贰万玖仟肆佰捌拾肆元整</td><td colspan="2">¥29 484.00</td></tr>
<tr><td>销货单位</td><td colspan="4">名称：建新物资公司
纳税人识别号
地址、电话：
开户行及账号：</td><td>备注</td><td colspan="3"></td></tr>
</table>

第二联　发票联　购货方记账凭证

凭 13-2

上海市增值税专用发票

NO.

开票日期：2015 年 6 月 18 日

购货单位	名称：宏远有限责任公司 纳税人识别号：0208878996847876 地址、电话：上海市浦东路 208 号 开户行及账号：工商银行上海市浦东支行 6442848-001600212406	密码区	2/987327+3/68 * 3879 /><06229442/597292 380702 * 03/46+<0014 168+7968283/45+/26 加密版： ×××××××××

货物及应税劳务名称	规格型号	单位	数量	单价	金额	税率	税额
丙材料		千克	700	36.00	25 200.00	17%	4 284.00
合　计					25 200.00	17%	4 284.00
价税合计(大写)	贰万玖仟肆佰捌拾肆元整				¥29 484.00		

销货单位	名称：建新物资公司 纳税人识别号 地址、电话： 开户行及账号：	备注	

第三联　抵扣联

凭 13-3

收　料　单

（三联式）

请购单号 ________

发票号数

2015 年 6 月 18 日

№ 0013214

收料字第 005 号

材料		单位	数量	发票金额		应摊运杂费	实际成本		材料账
编号	名称及规格			单价	金额		单价	金额	
	丙材料	千克	700	36.00	25 200.00				

第二联：财务记账

核准：　　会计：　　记账：　　保管：李四　　供应：　　验收：李四

凭 13-4

中国工商银行

转账支票存根

ⅣⅡ 00046700

附加信息

出票日期 2015 年 6 月 18 日

收款人：建新物资公司
金　额：¥29 484.00
用　途：付丙材料款

单位主管　　会计

(14)20 日，A 产品入库 2 400 件。

凭 14-1

入库通知单

№ 0038428

送货单位：一车间　　2015 年 6 月 20 日　　入库字第 003 号附单据　张

编号	名称	规格	单位	应收数量	实收数量	单价	金额	附注
	A 产品		件	2 400	2 400			
合计								

第二联：财务记账

会计：　仓库主管：　保管：万花　经手：　采购：

(15)25 日，各部门领用低值易耗品。

凭 15-1

领料单

（三联式）

领料部门 一车间　　№ 0013761

用　途　　2015 年 6 月 25 日　　领字第 011 号

材料			单位	数量		成本		材料账页
编号	名称	规格		请领	实发	单价	总价	
	低值易耗品		件	200	200			
合计								

第二联：财务记账

主管：　会计：　记账：　保管：李四　发料：李四　领料：赵六

凭 15-2

领 料 单

领料部门 机修车间　　　　（三联式）　　　　№ 0013752

用　　途　　　　2015 年 6 月 25 日　　　　领字第 012 号

材料			单位	数量		成本		材料账页
编号	名称	规格		请领	实发	单价	总价	
	低值易耗品		件	800	800			
合计								

第二联：财务记账

主管：　　会计：　　记账：　　保管：李四　　发料：李四　　领料：王五

凭 15-3

领 料 单

领料部门 厂部　　　　（三联式）　　　　№ 0013763

用　　途　　　　2015 年 6 月 25 日　　　　领字第 013 号

材料			单位	数量		成本		材料账页
编号	名称	规格		请领	实发	单价	总价	
	低值易耗品		件	8	8			
合计								

第二联：财务记账

主管：　　会计：　　记账：　　保管：李四　　发料：李四　　领料：田七

(16)26 日，支付新星木材加工厂加工包装箱费用 3 000 元，增值税 510 元，收回包装箱验收入库。

凭 16-1　　**上海市增值税专用发票**　　NO.

开票日期：2015 年 6 月 26 日

购货单位		密码区		
购货单位	名称：宏远有限责任公司 纳税人识别号：0208878996847876 地址、电话：上海市浦东路 208 号 开户行及账号：工商银行上海市浦东支行 6442848-001600212406	密码区	2/987327+3/68 * 3879 /><06229442/597292 380702 * 03/46+<0014 168+7968283/45+/26	加密版： ×××××××××

货物及应税劳务名称	规格型号	单位	数量	单价	金额	税率	税额
包装箱加工费					3 000.00	17%	510.00
合　计					3 000.00		510.00
价税合计(大写)	叁仟伍佰壹拾元整				￥3 510.00		

销货单位		备注	
销货单位	名称：新星木材加工厂 纳税人识别号 地址、电话： 开户行及账号：	备注	

第一联　发票联　购货方记账凭证

凭 16-2　　**上海市增值税专用发票**　　NO.

开票日期：2015 年 6 月 26 日

购货单位		密码区		
购货单位	名称：宏远有限责任公司 纳税人识别号：0208878996847876 地址、电话：上海市浦东路 208 号 开户行及账号：工商银行上海市浦东支行 6442848-001600212406	密码区	2/987327+3/68 * 3879 /><06229442/597292 380702 * 03/46+<0014 168+7968283/45+/26	加密版： ×××××××××

货物及应税劳务名称	规格型号	单位	数量	单价	金额	税率	税额
包装箱加工费					3 000.00	17%	510.00
合　计					3 000.00		510.00
价税合计(大写)	叁仟伍佰壹拾元整				￥3 510.00		

销货单位		备注	
销货单位	名称：新星木材加工厂 纳税人识别号 地址、电话： 开户行及账号：	备注	

第三联　抵扣联

凭 16-3

中国工商银行
转账支票存根
ⅣⅡ 00046703

附加信息

出票日期 2015 年 6 月 26 日

收款人：新星木材加工厂
金　额：¥3 510.00
用　途：付包装箱加工费

单位主管　　会计

凭 16-4

宏远有限责任公司委托加工材料成本计算单

2015 年 6 月 26 日

品名	规格	单位	数量	实际成本			
				材料费	加工费	运杂费	合计
包装箱		个	500	6 000.00	3 000.00		9 000.00

凭 16-5　　　　**入 库 通 知 单**　　　　№ 0038429

送货单位：新星木材加工厂　　2015 年 6 月 26 日　　入库字第 004 号附单据　张

编号	名　称	规 格	单位	应 收 数 量	实 收 数 量	单价	金　额	附　注
	包装箱		个	500	500			
合　计				500	500			

第二联：财务记账

会计：　　仓库主管：　　保管：万花　　经手：　　采购：

(17)28 日，向上海市第三物资公司购入丙材料 2 000 千克，材料已到，验收入库，由于发票未到，尚未付款。仅登记原材料明细账，暂不做其他账务处理。

凭 17-1

收　料　单

（三联式）

请购单号＿＿＿＿＿＿　　№ 0013215

发票号数　　2015 年 6 月 28 日　　收料字第 006 号

材料		单位	数量	发票金额		应摊运杂费	实际成本		材料账
编号	名称及规格			单价	金额		单价	金　额	
	丙材料	千克	2 000						

第二联：财务记账

核准：　　会计：　　记账：　　保管：李四　　供应：　　验收：李四

（18）30 日，编制本月发料凭证汇总表并根据汇总表编制记账凭证（发出存货成本确定方法：原材料采用月末一次加权平均法计价、领用周转材料采用一次摊销法摊销）。

凭 18-1

发料凭证汇总表

2015 年 6 月 30 日　　单位：元

应借科目	应贷项目						
	甲材料	乙材料	丙材料	机物料	修理用配件	低值易耗品	合　　计
生产成本——A 产品							
生产成本——B 产品							
制造费用——一车间							
辅助生产成本							
管理费用							
合　计							

制表：

（19）30 日，盘点，发现短缺乙材料 40 千克，甲材料锈蚀 50 千克，原因待查。

凭 19-1

实存账存对比表

编制单位：　　2015 年 6 月 30 日　　第　页

编号	类别名称	规格型号	计量单位	单价	实存		账存		差异				备注
									盘盈		盘亏		
					数量	金额	数量	金额	数量	金额	数量	金额	
	甲材料		千克		2 200		2 200						其中 50 千克锈蚀
	乙材料		千克		0		40				40		
	……												

凭 19-2

原材料清查盘点报告表

编制单位： 盘点时间：2015. 6. 30

财产类别： 存放地点：1 号仓库

序号	名称	规格型号	计量单位	盘存数量	备注
1	甲材料		千克	2 200	其中 50 千克锈蚀
2	乙材料		千克	0	
3	……				

盘点人：杨二 实物保管人：李四

(20)30 日，根据审批文件进行财产清查结果的处理。

凭 20-1

财产清查短缺材料处理决定

财务部：

经查，甲材料锈蚀属库房漏雨造成，损失的 10%由仓库保管李四赔偿，90%由企业承担；乙材料短缺属于保管不善丢失，其损失全部由仓库保管李四赔偿。

经理：陈一

2015 年 6 月 30 日

(21)30 日，向上海市第三物资公司购入丙材料发票未到，月末按前所购入丙材料的价格每千克 36 元估价入账。

任务二 固定资产的核算

技能训练一

1. 目的：练习外购固定资产的会计账务处理方法。

2. 资料：甲公司购入一台不需要安装的生产设备，发票价格为100 000元，增值税17 000元，相关运输费用2 000元，款项已用银行存款付清。

3. 要求：

(1)计算该固定资产的入账价值；

(2)编制相关会计分录。

技能训练二

1. 目的：练习外购固定资产的会计账务处理方法。

2. 资料：甲公司为一般纳税企业，增值税税率为17%。2015年4月1日，为降低采购成本，向乙公司一次购进了三套不同型号且具有不同生产能力的设备A、B和C。甲公司为该批设备共支付货款866万元，增值税的进项税额为147.22万元，运杂费4万元，全部以银行存款支付；假定设备A、B和C均满足固定资产的定义及其确认条件，公允价值分别为：200万元、300万元、500万元；不考虑其他相关税费。

3. 要求：

(1)计算甲公司购入设备的入账价值；

(2)编制相关会计分录。

技能训练三

1. 目的：练习外购固定资产的会计账务处理方法。

2. 资料：甲公司为一般纳税企业，适用的增值税税率17%。2015年5月26日，甲公司购入一条生产线。该生产线购买价格为1 000万元，增值税额为170万元，支付保险、装卸费用50万元。该生产线安装期间，领用生产用原材料的实际成本为100万元，发生安装工人工资等费用10万元。此外支付为达到正常运转发生测试费20万元，外聘专业人员服务费20万元，员工培训费1万元。均以银行存款支付。假定该生产线达到预定可使用状态。

3. 要求：

(1)计算该固定资产的入账价值；

(2)编制相关会计分录。

技能训练四

1. 目的：练习自营建造固定资产的会计账务处理方法。

2. 资料：甲公司在生产经营期间以自营方式同时建造一条生产线和一座厂房。2015年1—7月发生的有关经济业务如下：

(1)1月10日，为建造生产线购入A工程物资一批，收到的增值税专用发票上注明的价款为200万元，增值税额为34万元；为建造厂房购入B工程物资一批，收到的增值税专用发票上注明的价款为 100 万元，增值税额为 17 万元；款项已支付。

(2)1 月 20 日，建造生产线领用 A 工程物资 180 万元和建造厂房 B 工程物资 117 万元。

(3)6 月 30 日，建造生产线和厂房的工程人员职工薪酬合计 165 万元，其中生产线为 115 万元，厂房为 50 万元。

(4)6 月 30 日，工程建设期间辅助生产车间为建造生产线提供的劳务支出合计为 45 万元，其中生产线为 35 万元，厂房为 10 万元。

(5)6 月 30 日，对工程物资进行清查，发现 A 工程物资少 2 万元，经调查属保管员过失造成，根据企业管理规定，保管员应赔偿 0.5 万元。剩余 A 工程物资转用于在建的厂房。

(6)7 月 13 日，生产线和厂房达到预定可使用状态并交付使用。

3. 要求：根据上述经济业务编制相关会计分录。

技能训练五

1. 目的：练习以出包方式建造固定资产的会计账务处理方法。

2. 资料：甲公司经当地有关部门批准，新建一个火电厂。建造的火电厂由 3 个单项工程组成，包括建造发电车间、冷却塔以及安装发电设备。

2014 年 2 月 1 日，甲公司与乙公司签订合同，将该项目出包给乙公司承建。根据双方签订的合同，建造发电车间的价款为1 000万元，建造冷却塔的价款为 600 万元，安装发电设备需支付安装费用 100 万元。建造期间发生的有关事项如下(假定不考虑相关税费)：

(1)2014 年 2 月 10 日，甲公司按合同约定向乙公司预付 10%备料款 160 万元，其中发电车间 100 万元、冷却塔 60 万元。

(2)2014 年 8 月 2 日，建造发电车间和冷却塔的工程进度达到 50%，甲公司与乙公司办理工程价款结算 800 万元，其中发电车间 500 万元、冷却塔 300 万元。甲公司抵扣了预付备料款后，将余款用银行存款付讫。

(3)2014 年 10 月 8 日，甲公司购入需安装的发电设备，价款总计 700 万元，已用银行存款付讫。

(4)2015 年 3 月 10 日，建筑工程主体已完工，甲公司与乙公司办理工程价款结算 800 万元，其中，发电车间 500 万元、冷却塔 300 万元。甲公司向乙公司开具了一张期限 3 个月的商业票据。

(5)2015 年 4 月 1 日，甲公司将发电设备运抵现场，交乙公司安装。

(6)2015 年 5 月 10 日，发电设备安装到位，甲公司与乙公司办理设备安装价款结算 100 万元，款项已支付。

(7)工程项目发生管理费、可行性研究费、公证费、监理费共计 58 万元，已用银行存款付讫。

(8)2015 年 5 月，进行负荷联合试车领用本企业材料 20 万元，发生其他试车费用 10 万元，用银行存款支付，试车期间取得发电收入 40 万元。

(9)2015 年 6 月 1 日，完成试车，各项指标达到设计要求。

3. 要求：编制甲公司上述业务的会计分录。

技能训练六

1. 目的：练习计提固定资产折旧的会计账务处理方法。

2. 资料：甲公司有厂房一栋，原价 200 000 元，预计可使用 20 年，预计残值5 000 元，预计清理费用21 000元。

3. 要求：计算该厂房每月应计提的折旧额并编制会计分录。

技能训练七

1. 目的：练习计提固定资产折旧的会计账务处理方法。

2. 资料：甲公司有生产设备一台，原价 200 000 元，预计可使用 5 年，预计净残值率为 10%。

3. 要求：计算该设备的年折旧率、月折旧率和月折旧额并编制会计分录。

技能训练八

1. 目的：练习计提固定资产折旧的会计处理方法。

2. 资料：2014 年 12 月 19 日，甲公司购入一条生产线，入账价值为100 000元，预计净残值率为 3%，预计使用年限为 5 年，公司采用双倍余额递减法计提折旧。

3. 要求：计算该设备每年应计提的折旧额。

技能训练九

1. 目的：练习计提固定资产折旧的会计处理方法。

2. 资料：甲公司2015年2月1日购入需要安装的设备一台，取得的增值税专用发票上注明的设备价款为117万元(不含增值税)。购买过程中，以银行存款支付运杂费等费用3万元。安装时，领用材料7.02万元，支付安装工人工资4.98万元。该设备2015年3月30日达到预定可使用状态。甲公司对该设备采用年限平均法计提折旧，预计使用年限为10年，净残值为零。假定不考虑其他因素。

3. 要求：计算2015年该设备应计提的折旧额。

技能训练十

1. 目的：练习计提固定资产折旧的会计处理方法。

2. 资料：2015年5月18日，长江公司购入一套设备，设备入账价值为430 000元，预计使用年限为5年，预计净残值为30 000元，企业对该设备按年数总和法计提折旧。

3. 要求：计算该设备每个会计年度应计提的折旧额。

技能训练十一

1. 目的：练习固定资产后续支出的会计账务处理方法。

2. 资料：甲公司有关固定资产更新改造的资料如下：

(1)2012年12月30日，该公司自行建成了一条生产线，建造成本为1 136 000元；采用年限平均法计提折旧；预计净残值率为3%，预计使用寿命为6年。

(2)2014年12月31日，由于生产的产品适销对路，现有生产线的生产能力已难以满足公司生产发展的需要，但若新建生产线则建设周期过长。甲公司决定对现有生产线进行改扩建，以提高其生产能力。假定该生产线未发生减值。

(3)2014年12月31日至2015年3月31日，经过3个月的改扩建，完成了对这条生产线的改扩建工程，达到预定可使用状态共发生支出537 800元，全部以银行存款支付。

(4)该生产线改扩建工程达到预定可使用状态后，大大提高了生产能力，预计将其使用寿命延长4年，即为10年。假定改扩建后的生产线的预计净残值率为改扩建后固定资产账面价值的3%；折旧方法仍为年限平均法。

(5)为简化计算过程，整个过程不考虑其他相关税费；公司按年度计提固定资产折旧。

3. 要求：编制甲公司固定资产更新改造相关会计分录。

技能训练十二

1. 目的：练习固定资产后续支出的会计账务处理方法。

2. 资料：某航空公司 2005 年 12 月购入一架飞机，总计花费8 000万元(含发动机)，发动机当时的购价为500万元。公司未将发动机作为一项单独的固定资产进行核算。2014 年初，公司开辟新航线，航程增加，为延长飞机的空中飞行时间，公司决定更换一部性能更为先进的发动机。新发动机购价 700 万元，另需支付安装费用51 000元。假定飞机的年折旧率为 3%，不考虑相关税费的影响。

3. 要求：编制某航空公司飞机更新改造相关会计分录。

技能训练十三

1. 目的：练习固定资产后续支出的会计账务处理方法。

2. 资料：2015 年 1 月 3 日，甲公司对现有的一台生产用机器设备进行日常维护，维护过程中领用本企业原材料一批，价值为94 000元，应支付维护人员的工资为28 000元；不考虑其他相关税费。

3. 要求：编制甲公司的相关会计分录。

技能训练十四

1. 目的：练习固定资产减值的会计处理方法。

2. 资料：2013 年 6 月 10 日，某上市公司购入一台不需要安装的生产设备，支付价款、运杂费和保险费总计 100 万元，增值税额 17 万元，购入后即达到预定可使用状态。该设备的预计使用寿命为 10 年，预计净残值为 8 万元，按照年限平均法计提折旧。2014 年 12 月因出现减值迹象，对该设备进行减值测试，预计该设备的公允价值为 55 万元，处置费用为 13 万元；如果继续使用，预计未来使用及处置产生现金流量的现值为 35 万元，假定设备计提减值准备后原预计使用寿命、预计净残值不变。假定不考虑其他因素。

3. 要求：

(1)计算该设备2013年计提折旧并编制会计分录。

(2)计算2014年末该设备的可收回金额。

(3)计算2014年应计提的减值准备并编制会计分录。

(4)计算2015年该生产设备应计提的折旧并编制会计分录。

技能训练十五

1. 目的：练习固定资产清理的会计处理方法。

2. 资料：乙公司有一台设备，因使用期满经批准报废。该设备原价为186 400元。累计已计提折旧177 080元、减值准备2 300元。在清理过程中，以银行存款支付清理费用4 000元，收到残料变卖收入5 400元，应支付相关税费270元。

3. 要求：编制乙公司的相关会计分录。

技能训练十六

1. 目的：练习固定资产清查的会计处理方法。

2. 资料：甲公司年末对固定资产进行清查时，发现丢失一台冷冻设备。该设备原价52 000元，已计提折旧20 000元，并已计提减值准备12 000元。经查，冷冻设备丢失的原因在于保管员看守不当。经批准，由保管员赔偿5 000元。

3. 要求：不考虑增值税的影响，编制甲公司的相关会计分录。

技能训练十七

1. 目的：练习企业固定资产业务的会计账务处理方法。

2. 核算任务：

(1)开设“在建工程”、“固定资产”、“累计折旧”、“固定资产清理”等总账及相关明细账，登记期初余额；

(2)填制、审核原始凭证；

(3)根据经济业务的原始凭证编制记账凭证；

(4)根据审核无误的记账凭证登账；

(5)月末结账、对账。

实训耗材：记账凭证 25 张，三栏式账页 12 页。

3. 实训业务资料：

宏远有限责任公司为增值税一般纳税人。企业房屋及建筑物和机器设备采用直线法计提折旧，运输设备采用工作量法计提折旧。2015 年 5 月 31 日固定资产有关情况如下：

项目名称		数量	原值	净残值	使用寿命	累计折旧
房屋及建筑物	办公楼	1	1 200 000	0	50 年	120 000
	厂房	1	600 000	0	50 年	60 000
运输设备	货车	1	100 500	500	10 万公里	30 000
机器设备	A 型车床	2	482 000	2 000	10 年	40 000
	B 型车床	2	240 000	0	10 年	20 000

宏远有限责任公司 2015 年 6 月发生如下经济业务：

(1)8 日，购入 A 型车床 1 台，价款 240 000 元，款项已支付，车床已交付安装调试。

凭 1-1 **增值税专用发票** NO.

开票日期：2015 年 6 月 8 日

<table>
<tr><td>购货单位</td><td colspan="3">名称：宏远有限责任公司
纳税人识别号：0208878996847876
地址、电话：上海市浦东路 208 号
开户行及账号：工商银行上海市浦东支行
6442848-001600212406</td><td>密码区</td><td colspan="3">2/987327+3/68 * 3879
/><06229442/597292
380702 * 03/46+<0014
168+7968283/45+/26</td><td>加密版：
×××××××××</td><td rowspan="6">第一联 发票联 购货方记账凭证</td></tr>
<tr><td colspan="2">货物及应税劳务名称</td><td>规格型号</td><td>单位</td><td>数量</td><td>单价</td><td>金额</td><td>税率</td><td>税额</td></tr>
<tr><td colspan="2">A 型车床</td><td></td><td>台</td><td>1</td><td></td><td>240 000. 00</td><td>17%</td><td>40 800. 00</td></tr>
<tr><td colspan="2"></td><td></td><td></td><td></td><td></td><td></td><td></td><td></td></tr>
<tr><td colspan="2">合 计</td><td></td><td></td><td></td><td></td><td>240 000. 00</td><td></td><td>40 800. 00</td></tr>
<tr><td colspan="2">价税合计(大写)</td><td colspan="7">贰拾捌万零捌佰元整 ¥280 800.00</td></tr>
<tr><td>销货单位</td><td colspan="4">名称：杭州市南华公司
纳税人识别号
地址、电话：
开户行及账号：</td><td>备注</td><td colspan="4"></td></tr>
</table>

凭 1-2

增值税专用发票

NO.

开票日期：2015 年 6 月 8 日

购货单位	名称：宏远有限责任公司 纳税人识别号：0208878996847876 地址、电话：上海市浦东路 208 号 开户行及账号：工商银行上海市浦东支行 6442848-001600212406	密码区	2/987327+3/68 * 3879 /><06229442/597292 380702 * 03/46+<0014 168+7968283/45+/26

加密版：××××××××××

货物及应税劳务名称	规格型号	单位	数量	单价	金额	税率	税额
A 型车床		台	1		240 000. 00	17%	40 800. 00
合　　计					240 000. 00		40 800. 00
价税合计(大写)	贰拾捌万零捌佰元整			¥280 800. 00			

销货单位	名称：杭州市南华公司 纳税人识别号 地址、电话： 开户行及账号：	备注	

第三联　抵扣联

凭 1-3

中国工商银行

转账支票存根

ⅣⅡ 00044801

附加信息

出票日期 2015 年 6 月 8 日

收款人：杭州市南华公司
金　额：¥280 800. 00
用　途：购买 A 型车床

单位主管　　会计

(2)9 日，车床安装调试完毕，支付安装调试费 1 000 元。

凭 2-1

中国工商银行

转账支票存根

ⅣⅡ　00044802

附加信息

出票日期 2015 年 6 月 9 日

收款人：杭州市南华公司	
金　额：¥1 000.00	
用　途：支付安装调试费	

单位主管　　会计

凭 2-2

固定资产验收单

2015 年 6 月 9 日

名称	型号	制造厂	出厂日期	原　值			
				买价	安装费	其他	合计
机床	A	杭州市南华公司	2015 年 6 月 1 日	240 000.00 元	1 000.00 元		241 000.00 元
预计残值	预计清理费用	预计使用年限	年折旧额	年折旧率	月折旧率	所属部门	
1 000.00 元		10					

(3)10 日，接受神龙汽车厂投资客车一辆，价值 300 000 元。

凭 3-1

固定资产验收单

2015 年 6 月 10 日

名称	单位	数量	原账面价值		使用年限	预计残值	存放地点
客车	台	1	100 000.00 元		10	0	
来源	接受投资		评估确认价	300 000.00 元	对方单位名称	神龙汽车厂	

投资协议略。

(4)11 日，向新新公司投资转出 B 型车床一台。

凭 4-1

固定资产转出通知单

2015 年 6 月 11 日

固定资产名称	B 型车床	预计使用年限	10 年	已使用年限	10 个月
原始价值	120 000. 00 元	已提折旧	10 000. 00 元	转出作价	150 000. 00 元
固定资产转出原因及批准人	对外投资 张华	对方单位名称	新新公司		

注：投资协议略。

(5)12 日，委托小强汽车修理厂对公司管理用汽车进行经常性修理，用转账支票支付修理费5 000元。

凭 5-1

上海市汽车维修业发票

发票联

名称：宏远有限责任公司　　开票日期 2015 年 6 月 12 日　　No：

项目	车牌照号		188		合同号			
	工时费				材料费	材料管理费	辅助费	金额
	单位	数量	单价	金额				
修车								5 000. 00
人民币合计大写	伍仟元整			¥5 000. 00				

企业名称	(加盖发票专用章)	地址		备注	
		开户行			
		结算方式			

凭 5-2

中国工商银行

转账支票存根

ⅣⅡ00044803

附加信息

出票日期 2015 年 6 月 12 日

收款人：小强汽修厂
金　额：¥5 000. 00
用　途：修车

单位主管　　会计

(6)15 日，一辆货车发生车祸报废，原价 100 000 元，已提折旧30 000元，保险公司赔偿30 000元，残料变价收入 500 元。

凭 6-1

固定资产清理报废单

2015 年 6 月 15 日

主管部门：宏远有限责任公司				使用单位：宏远有限责任公司采购部					
名称及型号	单位	数量	原始价值	已提折旧	预计净残值	预计使用年限	实际使用年限	支付清理费	变价收入
货车	辆	1	100 500.00	40 000.00	500.00				500.00
制造单位	出厂日期	出厂号		申请报废原因：	发生车祸毁损				
二汽	2009 年								

凭 6-2

专 用 收 款 收 据

NO：0675839

2015 年 6 月 15 日

付款单位(交款人)	上海市物资回收公司	收款单位(领款人)	宏远有限责任公司	收款项目	报废清理					
人民币(大写)	伍佰元整	千	百	十	万	千	百	十	元	角	分	结算方式
						¥	5	0	0	0	0	现金
收款事由	毁损货车变卖收入	经办	部门	公司办公室						
			人员	李青						
上述款项照数收讫无误。收款单位财会专用章：(领导人签章)	会计主管	稽　核	出　纳	交款人						
	张三	陈五	胡六	李四						

第三联　给付款单位收据

凭 6-3

中国工商银行　进账单(回单)

2015 年 6 月 15 日

出票人	全称	太平洋保险公司	收款人	全称	宏远有限责任公司
	账号	6442848-001600255565		账号	6442848-001600212406
	开户银行	工商银行上海市台东路支行		开户银行	工商银行上海市浦东支行

金额	人民币(大写)叁万元整	亿	千	百	十	万	千	百	十	元	角	分
					¥	3	0	0	0	0	0	0

票据种类	转账支票	票据张数	1	开户银行签章
票据号码				

此联是开户银行交给持(出)票人的回单

凭 6-4

固定资产清理损益结转表

2015 年 6 月 15 日

项目	金　　额
营业外收入	
营业外支出	

（7）18 日，公司决定对厂房进行扩建，厂房原值 600 000 元，已提折旧 60 000 元，本次扩建领用原材料150 000元（不含增值税），支付扩建工人工资50 000元，预计 25 日扩建完工。

凭 7-1

领　料　单

（三联式）

领料部门 ________　　　　№ 0013785

用　　途 厂房扩建　　2015 年 6 月 18 日　　领料字第 078 号

材料			单位	数量		成本										材料账页
						单价	总价									
编号	名称	规格		请领	实发		十	万	千	百	十	元	角	分		
	丙材料		千克	100	100	1 500	1	5	0	0	0	0	0	0		
合计							1	5	0	0	0	0	0	0		

第二联：财务记账

主管：　　会计：　　记账：　　保管：李四　　发料：李四　　领料：

凭 7-2

中国工商银行

现金支票存根

ⅣⅡ 00044901

附加信息 ________

____

____

____

出票日期 2015 年 6 月 18 日

收款人：王鹏	
金　额：¥50 000.00	
用　途：工资	

单位主管　　会计

凭 7-3

工程扩建计算单

2015 年 6 月 18 日

固定资产	原值	净残值	使用寿命	累计折旧	净值
厂房	600 000.00 元		50 年	60 000.00 元	540 000.00 元

(8)22 日，向景天装修公司支付办公楼装修费 10 万元。

凭 8-1

建筑业统一网络代开发票

网络发票　手写无效

№　　　　发票联　　　　发票代码

发票号码

密码区		二维码		企业文化	
查询码					
付款方名称	宏远有限责任公司	身份证号/组织机构代码/纳税人识别号		是否总包人	是
收款方名称	景天装修公司	身份证号/组织机构代码/纳税人识别号		是否分包人	否
工程项目名称	工程项目编号	结算项目	金额(元)	完税凭证号码(代扣代缴税款)	
办公楼装修		工程款	100 000.00		
合计金额(元)(大写)	壹拾万元整		¥100 000.00		
税率、税额		完税凭证号码		主管税务机关及代码	

第一联　发票联

开票人：　　　　开票单位签章：　　　　开票日期：2015-6-22

凭 8-2

中国工商银行

转账支票存根

ⅣⅡ 00044804

附加信息

出票日期 2015 年 6 月 22 日

收款人：	景天装修公司
金　额：	¥100 000.00
用　途：	装修办公楼

单位主管　　会计

(9)25 日，厂房扩建工程完工。

凭 9-1

工程竣工计算单

2015 年 6 月 25 日

固定资产	原值	净残值	累计折旧	净值
厂房	600 000. 00 元		60 000. 00 元	540 000. 00 元
工程扩建费用	材料费	人工费	其他支出	
	175 500. 00 元	50 000. 00 元		
扩建后厂房价值	765 500. 00 元			

(10)30 日，盘亏一台 A 型车床，原因查明为被盗。

凭 10-1

No：0601

固定资产清查报告单

2015 年 6 月 30 日

固定资产编号	固定资产名称	盘盈			盘亏			原因
		数量	重置估价	估计折旧	数量	原价	已提折旧	
	A 型车床				1	241 000. 00 元	40 000. 00 元	被盗
合计					1	241 000. 00 元	40 000. 00 元	
使用部门	处理意见	清查小组			审批部门			
生产车间		被盗			同意作为公司损失列支。 2015. 6. 30			

(11)30 日，计提固定资产折旧；房屋及建筑物和机器设备采用直线法计提折旧，运输设备采用工作量法计提折旧，货车本月行驶5 000公里，客车本月行驶 300 公里。

凭 11-1

固定资产折旧计算表

2015 年 6 月 30 日

项目名称		数量	原值	净残值	净值	累计折旧	本月折旧
房屋及建筑物	办公楼	1					
	厂房	1					
运输设备	货车	1					
	客车	1					
机器设备	A 型车床	2					
	B 型车床	1					

任务三　无形资产和其他资产核算

技能训练一

1. 目的：练习无形资产初始计量及摊销的会计账务处理方法。

2. 资料：甲公司有关无形资产的业务资料如下：

(1)2015 年 1 月 1 日，甲公司从乙公司购入一项专利权 Y，支付价款 80 万元，同时支付相关税费 2 万元，该项专利自 2015 年 1 月 10 日起用于 X 产品生产，法律保护期限为 15 年，甲公司预计运用该专利生产的产品在未来 10 年内会为企业带来经济利益。甲公司采用直线法摊销该项无形资产。2015 年度发生宣传新产品——X 产品的相关广告费用 5 万元。

(2)2015 年 6 月 1 日购入一项非专利技术，支付价款 30 万元，为使该项非专利技术达到预定用途支付相关专业服务费用 2 万元。该项非专利技术合同或法律没有明确规定使用寿命，甲公司也无法合理确定无形资产为企业带来经济利益期限。

3. 要求：根据以上资料编制甲公司无形资产的相关会计分录。

技能训练二

1. 目的：练习企业转让无形资产使用权的会计账务处理方法。

2. 资料：2015 年 6 月 1 日，甲公司将其拥有的一项商标权出租给 B 公司，租期为 4 年，每年收取租金 4 万元。租金收入适用的营业税税率为 5%。甲公司在出租期间内不再使用该商标权。该商标权系甲公司 2014 年 1 月 1 日购入的，初始入账价值为 30 万元，预计使用年限为 15 年，采用直线法摊销。假定不考虑营业税以外的其他税费。

3. 要求：根据以上资料编制甲公司转让无形资产使用权的相关会计分录。

技能训练三

1. 目的：练习企业内部无形资产研发的会计账务处理方法。

2. 资料：甲公司为一项新产品专利技术进行研究开发活动。2015 年发生业务如下：

(1)2015 年 1 月为获取知识而进行的活动发生差旅费 20 万元，以现金支付；

(2)2015 年 3 月为改进材料、设备而发生费用 30 万元，以银行存款支付；

(3)2015年6月在开发过程中发生材料费40万元、人工工资30万元，以及其他费用30万元，合计100万元，其中，符合资本化条件的支出为80万元；

(4)2015年7月，该专利技术已经达到预定用途，并交付生产车间用于产品生产。预计使用年限为5年，采用直线法摊销。

3. 要求：编制研发支出相关会计分录，以及有关无形资产摊销的会计分录(假定按年摊销)。

技能训练四

1. 目的：练习无形资产减值的会计账务处理方法。

2. 资料：2011年1月1日，甲企业外购A无形资产，实际支付的价款为100万元。该无形资产可供使用时起至不再作为无形资产确认时止的年限为5年。2012年12月31日，由于与A无形资产相关的经济因素发生不利变化，致使A无形资产发生价值减值。甲企业估计其可收回金额为18万元。2014年12月31日，甲企业发现，导致A无形资产在2012年发生减值损失的不利经济因素已全部消失，且此时估计A无形资产的可收回金额为22万元。假定不考虑所得税及其他相关税费的影响。

3. 要求：编制从无形资产购入到无形资产使用期满相关业务的会计分录(金额单位用万元表示)。

技能训练五

1. 目的：练习处置无形资产的会计账务处理方法。

2. 资料：某股份有限公司于2015年7月1日以50万元的价格转让一项无形资产，同时发生相关税费3万元。该无形资产系2012年7月1日购入并投入使用，其入账价值为300万元，预计使用年限为5年，法律规定的有效年限为6年。该无形资产按直线法摊销。

3. 要求：编制企业处置无形资产的会计分录。

技能训练六

1. 目的：练习投资性房地产的会计账务处理方法。

2. 资料：M 房地产公司于 2012 年 1 月 1 日将一幢商品房对外出租并采用公允价值模式计量，租期为 3 年，每年 12 月 31 日收取租金 200 万元。出租时，该幢商品房的成本为 5 000万元，公允价值为6 000万元。2012 年 12 月 31 日，该幢商品房的公允价值为6 300万元，2013 年 12 月 31 日，该幢商品房的公允价值为6 600万元，2014 年 12 月 31 日，该幢商品房的公允价值为6 700万元。2015 年 1 月 10 日将该幢商品房对外出售，收到6 800万元存入银行。

3. 要求：编制 M 公司上述经济业务的会计分录(假定按年确认公允价值变动损益和确认租金收入)。

技能训练七

1. 目的：练习投资性房地产的会计账务处理方法。

2. 资料：H 房地产公司于 2013 年 12 月 31 日将一建筑物对外出租并采用成本模式计量，租期为 3 年，每年 12 月 31 日收取租金 150 万元。出租时，该建筑物的成本为2 800万元，已提折旧 500 万元，已提减值准备 300 万元，尚可使用年限为 20 年，公允价值为 1 800万元。H 公司对该建筑物采用年限平均法计提折旧，无残值。

3. 要求：编制 H 公司建筑物出租业务相关会计分录。

技能训练八

1. 目的：练习投资性房地产后续支出的会计账务处理方法。

2. 资料：2015 年 3 月，甲企业与乙企业的一项厂房经营租赁合同即将到期。该厂房按照成本模式进行后续计量，原价为2 000万元，已计提折旧 600 万元。为了提高厂房的租金收入，甲企业决定在租赁期满后对厂房进行改扩建，并与丙企业签订了经营租赁合同，约定自改扩建完工时将厂房出租给丙企业。3 月 15 日，与乙企业的租赁合同到期，厂房随即进入改扩建工程。12 月 10 日，厂房改扩建工程完工，共发生支出 150 万元，即日按照租赁合同出租给丙企业。假设甲企业对投资性房地产采用成本计量模式。

3. 要求：编制甲企业厂房改扩建工程相关会计分录。

技能训练九

1. 目的：练习投资性房地产后续支出的会计账务处理方法。

2. 资料：2015 年 3 月，甲企业与乙企业的一项厂房经营租赁合同即将到期。为了提高厂房的租金收入，甲企业决定在租赁期满后对厂房进行改扩建，并与丙企业签订了经营租赁合同，约定自改扩建完工时将厂房出租给丙企业。3 月 15 日，与乙企业的租赁合同到期，厂房随即进入改扩建工程。11 月 10 日，厂房改扩建工程完工，共发生支出 150 万元，即日起按照租赁合同出租给丙企业。3 月 15 日，厂房账面余额为1 200万元，其中成本1 000万元，累积公允价值变动 200 万元。假设甲企业对投资性房地产采用公允价值模式计量。

3. 要求：编制甲企业厂房改扩建工程相关会计分录。

技能训练十

1. 目的：练习长期待摊费用的会计账务处理方法。

2. 资料：甲企业从外单位租入一项设备，租赁期为 3 年，企业对该设备进行改良，以银行存款支付工程支出90 000元，当月完工交付生产车间使用。经测算，该设备尚可使用 6 年。

3. 要求：根据以上资料编制甲企业该项租入设备相关的会计分录。

学习情境二

往来款项核算

技能训练一

1. 目的：练习应收票据的会计账务处理方法。

2. 资料：某企业为增值税的一般纳税人，适用的增值税税率为17%，原材料按实际成本计价核算，2015年，该企业发生以下与应收票据相关的经济业务：

(1)7月1日，收到甲客户当日开出并承兑的一张面值为50 000元，3个月到期的商业汇票，用以抵偿前欠货款。

(2)7月10日，销售商品一批给乙客户，价款80 000元，增值税13 600元，当日收到乙客户开出并承兑的面值为90 000元，120天到期的不带息商业汇票一张，其余款项收存银行。

(3)7月15日，通过银行收回已到期的面值为3 000元、期限为6个月的丙企业不带息商业汇票一张。

(4)8月1日，该企业将7月1日收到的票据背书转让，以取得所需物资。所购材料价款60 000元，增值税10 200元，供货方代垫运杂费800元、增值税88元，其差额款已通过银行转账支付，材料已验收入库。该企业材料按实际成本计价核算。

3. 要求：编制上述业务相关会计分录。

技能训练二

1. 目的：练习应收票据贴现的会计账务处理方法。

2. 资料：2015年4月1日，甲公司持所收到的出票日期为3月1日、期限为3个月、面值为100 000元的不带息商业承兑汇票一张到银行贴现，假设银行年贴现率为10%。

3. 要求：

(1)确定票据到期日；

(2)计算票据贴现天数；

(3)计算贴现利息；

(4)计算贴现净额；

(5)编制票据贴现业务的会计分录。

技能训练三

1. 目的：练习应收账款的会计账务处理方法。

2. 资料：甲公司于2015年5月1日销售给乙公司一批商品200件，增值税发票上注明的售价为20 000元，增值税额为3 400元。双方协商的折扣条件为2/10，1/20，n/30，假定折扣时不考虑增值税。

3. 要求：

(1)分别作出甲公司和乙公司总价法下2015年5月1日的会计分录；

(2)假定乙公司5月9日、5月18日或5月底付款时，做出甲公司和乙公司的账务处理。

技能训练四

1. 目的：练习预付账款的会计账务处理方法。

2. 资料：A公司为增值税一般纳税人，适用的增值税税率为17%，原材料按实际成本计价核算。2015年6月发生以下与预付账款相关的经济业务：

(1)1日，按合同规定开出转账支票45 000元，用以预付丙企业采购材料款。

(2)6日，按合同规定开出转账支票60 000元，用以预付丁企业采购材料款。

(3)15日，收到丙企业发来的材料及发票账单，价款100 000元，增值税税额17 000元，丙企业代垫运杂费500元、增值税55元，材料已验收入库。

(4)17日，开出转账支票一张，用以补付给丙企业的材料采购款。

3. 要求：编制上述业务相关会计分录。

技能训练五

1. 目的：练习坏账损失的会计账务处理方法。

2. 资料：2015年1月1日，甲企业应收账款余额3 000万元，坏账准备余额150万元。2015年度，甲企业发生了如下相关业务：

(1)销售商品一批，增值税专用发票上注明的价款为5 000万元，增值税额为850万元，货款尚未收到。

(2)因某客户破产，该客户所欠货款 10 万元不能收回，确认为坏账损失。

(3)收回上年度已作坏账转销的应收账款 8 万元并存入银行。

(4)收到某客户前欠货款 4 000 万元存入银行。

(5)2015 年 12 月 31 日，甲企业对应收账款进行减值测试，确定按 5%计提坏账准备。

3. 要求：编制甲企业应收账款业务相关会计分录。

技能训练六

1. 目的：练习应付票据的会计账务处理方法。

2. 资料：

(1)某企业于 2014 年 10 月 1 日从甲公司购入材料一批，货款6 000 000元，增值税102 000元，对方代垫运杂费5 000元、增值税 550 元，材料已运到并验收入库(该企业材料按实际成本计算)，款项暂欠。2014 年 12 月 1 日开出商业承兑汇票抵付货款。

(2)甲公司 2014 年 12 月 18 日从乙公司购入材料一批，价款300 000元，专用发票注明的增值税51 000元，该企业开出期限为 3 个月的银行承兑汇票交付货款，并以银行存款支付汇票承兑手续费 150 元。

3. 要求：

(1)根据资料(1)，编制企业 2014 年 10 月 1 日和 12 月 1 日的会计分录；

(2)根据资料(2)编制会计分录。

技能训练七

1. 目的：练习应付账款、预收账款的会计账务处理方法。

2. 资料：甲企业为增值税一般纳税人，适用的增值税税率为 17%，原材料按实际成本计价核算。该企业 2015 年 6 月发生经济业务如下：

(1)1 日，从 A 公司购入材料一批，价款 125 000 元，增值税额21 250元，供货单位代垫运杂费1 500元、增值税 165 元。材料已验收入库，款项尚未支付。

(2)5 日根据与 B 公司签订的供货合同，收到 B 公司开出的转账支票50 000元，以预付材料的采购款。

(3)10 日，通过银行支付 1 日从 A 公司购入材料的货款及其他款项。

(4)25 日，将商品交付 B 公司，B 公司验收合格。甲企业开出增值税专用发票，注明价款80 000元，增值税13 600元。

(5)28 日，收到 B 公司开出的转账支票43 600元，以补付货款。

(6)30 日，收到供电公司通知，甲企业本月电费30 000元，其中生产车间电费25 000元，行政管理部门电费5 000元。

(7)30 日，甲企业确认一笔40 000元的应付账款无法支付，予以转销。

3. 要求：编制上述业务相关会计分录。

技能训练八

1. 目的：练习应交税费的会计账务处理方法。

2. 资料：乙企业为增值税一般纳税人，适用的增值税税率为 17%，其生产的产品同时需要缴纳消费税，消费税税率为 10%，存货采用实际成本计价核算。2015 年 5 月发生以下经济业务：

(1)根据合同委托 A 公司加工物资一批。1 日发出加工材料一批，实际成本100 000元，以银行存款支付运杂费1 000元及增值税 110 元。

(2)10 日，销售商品一批，增值税专用发票上注明的价款300 000元，增值税额51 000元，款项已收存银行。该批商品的实际成本为200 000元。

(3)12 日，企业将生产的应税消费品用于在建工程，该批产品实际成本为640 000元，公允价值(计税价格)为70 000元。

(4)26 日，收回委托 A 公司加工的物资，以银行存款支付加工费8 000元、增值税1 360元，运杂费1 200元及增值税 132 元，消费税12 000元。委托加工物资已于当天验收入库，乙企业决定其中的一半用于加工应税消费品，另一半直接用于对外销售。

3. 要求：编制上述经济业务的相关会计分录(“应交税费”科目须写出二级及三级明细科目)。

技能训练九

1. 目的：练习往来核算岗位的实际操作和业务处理技能。

2. 核算任务：

(1)设置“应收账款”、“应收票据”、“其他应收款”、“应付账款”、“预付账款”总分类账及其相关明细账，登记其期初余额；

(2)填制、审核相关原始凭证；

(3)根据原始凭证填制记账凭证；

(4)登记往来款项明细账；

(5)根据审核无误的记账凭证每10天汇总一次，编制科目汇总表并登记往来款项总账；

(6)月末进行结账、对账；

(7)在备查簿上登记相关业务。

实训耗材：记账凭证35张；科目汇总表3张；三栏式账页30页。

3. 实训业务资料：

宏远有限责任公司为增值税一般纳税人，2015年6月30日有关往来账户总账、明细账余额如下：

总账科目	明细科目	余额	备　注
应收票据		161 425.00	
	博远公司	40 000.00	7月9日到期
	东方工厂	32 000.00	12月12日到期
	新江公司	61 425.00	7月24日到期
	黎明公司	28 000.00	10月31日到期
应收账款		337 198.00	
	恒通公司	53 820.00	
	新发工厂	87 516.00	
	顺和工厂	94 185.00	
	阳光公司	21 762.00	
	德顺公司	12 870.00	
	远达工厂	63 765.00	
	海奇工厂	3 280.00	
坏账准备		16 860.00	公司按应收账款余额5%计提坏账准备金
其他应收款		7 000.00	
	博通公司	2 000.00	
	吴三	5 000.00	
预付账款		32 000.00	
	新华公司	32 000.00	

宏远有限责任公司2015年7月发生以下经济业务：

(1)3日，新华公司寄来本公司购买甲材料发票，货款32 500元，增值税5 525元，价税合计38 025元，款项原已预付，材料已入库。

凭 1-1

浙江省增值税专用发票 NO.

开票日期：2015 年 7 月 1 日

购货单位	名称：宏远有限责任公司 纳税人识别号：0208878996847876 地址、电话：上海市浦东路 208 号 开户行及账号：工商银行上海市浦东支行 6442848-001600212406			密码区	2/987327+3/68 * 3879 /><06229442/597292 380702 * 03/46+<0014 168+7968283/45+/26		加密版： ×××××××××	第一联 发票联 购货方记账凭证
货物及应税劳务名称	规格型号	单位	数量	单价	金额	税率	税额	
甲材料		千克	1 300	25.00	32 500.00	17%	5 525.00	
合　计					32 500.00		5 525.00	
价税合计(大写)	叁万捌仟零贰拾伍元整						¥38 025.00	
销货单位	名称：新华公司 纳税人识别号 地址、电话： 开户行及账号：				备注			

凭 1-2

浙江省增值税专用发票 NO.

开票日期：2015 年 7 月 1 日

购货单位	名称：宏远有限责任公司 纳税人识别号：0208878996847876 地址、电话：上海市浦东路 208 号 开户行及账号：工商银行上海市浦东支行 6442848-001600212406			密码区	2/987327+3/68 * 3879 /><06229442/597292 380702 * 03/46+<0014 168+7968283/45+/26		加密版： ×××××××××	第三联 抵扣联
货物及应税劳务名称	规格型号	单位	数量	单价	金额	税率	税额	
甲材料		千克	1 300	25.00	32 500.00	17%	5 525.00	
合　计					32 500.00		5 525.00	
价税合计(大写)	叁万捌仟零贰拾伍元整						¥38 025.00	
销货单位	名称：新华公司 纳税人识别号 地址、电话： 开户行及账号：				备注			

凭 1-3

收 料 单

请购单号 ________　　（三联式）　　№ 0013216

发票号数　　2015 年 7 月 3 日　　收料字第 001 号

材料		单位	数量	发票金额		应摊运杂费	实际成本		材料账
编号	名称及规格			单价	金额		单价	金 额	
	甲材料	千克	1 300	25.00	32 500.00				

第二联：财务记账

核准：　　会计：　　记账：　　保管：李四　　供应：　　验收：李四

（2）4 日，办妥信汇手续，预付华光公司甲材料款 60 000 元。

凭 2-1

中国工商银行　信汇凭证(回单)

☐普通　☐加急　　委托日期 2015 年 7 月 4 日

汇款人		收款人	
全称	宏远有限责任公司	全称	华光公司
账号	6442848-001600212406	账号	44759274
汇出地点	上海市浦东路 208 号	汇入地点	湖北省武汉市
汇出行名称	工商银行上海市浦东支行	汇入行名称	工商银行街道口分理处

金额	亿	千	百	十	万	千	百	十	元	角	分
人民币（大写）陆万元整				¥	6	0	0	0	0	0	0

汇出行签章	支付密码
	附加信息及用途：预付甲材料货款
	复核　　记账

此联汇出行给汇款人的回执

（3）5 日，售给武汉长江公司 A 产品 500 件，开出增值税发票，货款48 000元，增值税8 160元，价税合计56 160元，代垫运费 600 元及增值税 66 元，向银行办妥托收手续。

凭 3-1

上海市增值税专用发票

NO. ××××××

开票日期：2015 年 7 月 5 日

购货单位	名称：长江公司 纳税人识别号： 地址、电话： 开户行及账号：	密码区	2/987327+3/68＊3880 /><06229442/597293 380702＊03/46+<0015 168+7968283/45+/27	加密版： ××××××××××

货物及应税劳务名称	规格型号	单位	数量	单价	金额	税率	税额
A 产品		件	500	96.00	48 000.00	17%	8 160.00
合　计					48 000.00		8 160.00
价税合计(大写)	伍万陆仟壹佰陆拾元整				¥56160.00		

销货单位	名称：宏远有限责任公司 纳税人识别号：0208878996847876 地址、电话：上海市浦东路 208 号 开户行及账号：工商银行上海市浦东支行 6442848-001600212406	备注	

第二联 记账联 销货方记账凭证

凭 3-2

中国工商银行

转账支票存根

ⅣⅡ 00046690

附加信息

出票日期 2015 年 7 月 5 日

收款人：第三汽运公司
金　额：¥666.00
用　途：代垫运费

单位主管　　会计

凭 3-3

托收凭证(受理回单)

委托日期 2015 年 7 月 5 日

<table>
<tr><td>业务类型</td><td colspan="5">委托收款(□邮划、□电划)　托收承付(□邮划、□电划)</td><td rowspan="9">此联收款人开户银行给收款人的受理回单</td></tr>
<tr><td rowspan="3">付款人</td><td>全称</td><td>长江公司</td><td rowspan="3">收款人</td><td>全称</td><td>宏远有限责任公司</td></tr>
<tr><td>账号</td><td></td><td>账号</td><td>6442848-001600212406</td></tr>
<tr><td>开户行</td><td></td><td>开户行</td><td>工商银行上海市浦东支行</td></tr>
<tr><td>金额</td><td colspan="3">人民币
(大写)伍万陆仟捌佰贰拾陆元整</td><td colspan="2">亿 千 百 十 万 千 百 十 元 角 分
¥ 5 6 8 2 6 0 0</td></tr>
<tr><td>款项内容</td><td>货款及运费</td><td>托收凭据名称</td><td></td><td>附寄单证张数</td><td>1</td></tr>
<tr><td colspan="2">商品发运情况</td><td></td><td>合同名称号码</td><td colspan="2"></td></tr>
<tr><td colspan="2">备注：

复核　　记账</td><td>款项收妥日期

年　月　日</td><td colspan="3">收款人开户银行签章

年　月　日</td></tr>
</table>

凭 3-4　　　　**出 库 通 知 单**　　　　№ 0038426

收货单位：长江公司　　　　2015 年 7 月 5 日　　　　出库字第 001 号附单据　张

编号	名　称	规 格	单位	应发数量	实发数量	单价	金　额	附　注
	A 产品		件	500	500			

第二联：财务记账

会计：　　　仓库主管：　　　保管：万花　　　经手：　　　采购：

注：平时只登记相关明细账的销售数量，月末汇总结转销售成本。

(4)8 日销售给市江华公司 A 产品 300 件，金额 28 800 元，增值税4 896元，收到商业承兑汇票一张，期限 4 个月。

凭 4-1

上海市增值税专用发票

NO. ××××××

开票日期：2015 年 7 月 8 日

购货单位	名称：江华公司 纳税人识别号： 地址、电话： 开户行及账号：	密码区	2/987327+3/68 * 3880 /><06229442/597293 380702 * 03/46+<0015 168+7968283/45+/27
加密版：	×××××××××		

货物及应税劳务名称	规格型号	单位	数量	单价	金额	税率	税额
A 产品		件	300	96.00	28 800.00	17%	4 896.00
合　计					28 800.00		4 896.00
价税合计(大写)	叁万叁仟陆佰玖拾陆元整				¥33 696.00		
备注							

销货单位	名称：宏远有限责任公司 纳税人识别号：0208878996847876 地址、电话：上海市浦东路 208 号 开户行及账号：工商银行上海市浦东支行 6442848-001600212406	备注	

第二联　记账联　销货方记账凭证

凭 4-2

收　据

发票代码

发票号码

记 账 联　　2015 年 7 月 8 日

今收到　江华公司　交来　商业承兑汇票

人民币叁万叁仟陆佰玖拾陆元整　¥33 696.00

系　付　A 产品货款

单位盖章：　会计：　出纳：　经手人：

③开票方记账原始凭证

凭 4-3 **出库通知单** № 0038427

收货单位：江华公司 2015 年 7 月 8 日 出库字第 002 号附单据 张

编号	名 称	规 格	单位	应发数量	实发数量	单价	金 额	附 注
	A 产品		件	300	300			

第二联：财务记账

会计： 仓库主管： 保管：万花 经手： 采购：

(5)9 日，博远公司商业承兑汇票到期，收到博远公司转账支票一张，向银行办妥有关入账手续。

凭 5-1 **中国工商银行 进账单(收账通知)**

2015 年 7 月 9 日

出票人	全称	博远公司	收款人	全称	宏远有限责任公司
	账号			账号	6442848-001600212406
	开户银行			开户银行	工商银行上海市浦东支行
金额	人民币 (大写)肆万元整			亿 千 百 十 万 千 百 十 元 角 分	¥ 4 0 0 0 0 0 0
票据种类	转账支票	票据张数	1	收款人开户银行签章	

此联收款人开户银行交给收款人的收账通知

(6)10 日，开出电汇凭证，支付新华公司货款尾款。

凭 6-1

汇款单位编号： **电汇委托书** 第一联(电汇回单)

科目

对方科目 委托日期 2015 年 7 月 10 日 No：

汇款单位	全称	宏远有限责任公司			收款单位	全称	新华公司	此联由汇出行盖章后退给汇款单位作回单
	账号	6442848-001600212406				账号	097779845	
	汇出地点	上海浦东路 208 号	汇出行	工商银行上海市浦东支行		汇入地点		
金额	人民币(大写)陆仟零贰拾伍元整 ¥6 025.00							
汇款用途	偿付前欠尾款				（汇出行盖章）2015 年 7 月 10 日			
上列款项已根据委托办理，如需查询请持此回单来行面洽。								
单位主管： 会计： 出纳： 记账：								

(7) 11 日，收到银行通知，上月托收的德顺公司货款 12 870 元已收妥入账。

凭 7-1

委托收款凭证(收账通知)

委托日期 2015 年 6 月 8 日 托收号码：

业务类型	委托收款(□邮划、□电划) 托收承付(□邮划、□电划)															此联收款人开户银行在款项收妥后给收款人的收账通知
付款人	全称	德顺公司	收款人	全称	宏远有限责任公司											
	账号			账号	6442848-001600212406											
	开户行			开户行	工商银行上海市浦东支行											
金额	人民币(大写)壹万贰仟捌佰柒拾元整				亿	千	百	十	万	千	百	十	元	角	分	
								¥	1	2	8	7	0	0	0	
款项内容	货款	托收凭据名称	发票		附寄单证张数	1										
备注：按合同规定付款期		合同名称号码														
复核 记账	年 月 日		付款人开户银行签章 2015 年 6 月 8 日													

（8）7 月 12 日，公司将未到期的东方工厂（12 月 12 日到期）商业承兑汇票到银行办理贴现，已办妥有关贴现手续，款已存入银行。

凭 8-1

<table>
<tr><td>

财务主管通知书

本公司因资金需要，申请将东方工厂的商业承兑汇票予以贴现。

财务科长：×××

2015 年 7 月 12 日

</td></tr>
</table>

凭 8-2

贴现凭证（收账通知）

填写日期 2015 年 7 月 12 日　　　　No：

<table>
<tr><td rowspan="3">申请单位</td><td>全称</td><td colspan="2">宏远有限责任公司</td><td rowspan="3">贴现汇票</td><td>种类</td><td colspan="11">商业承兑汇票</td><td rowspan="7">此联银行给贴现申请人存款户的收账通知</td></tr>
<tr><td>账号</td><td colspan="2">6442848-001600212406</td><td>出票日</td><td colspan="11">2015 年 6 月 12 日</td></tr>
<tr><td>开户银行</td><td colspan="2">工商银行上海市浦东支行</td><td>到期日</td><td colspan="11">2015 年 12 月 12 日</td></tr>
<tr><td colspan="2">汇票承兑单位</td><td colspan="2">东方工厂</td><td>账号</td><td></td><td>开户银行</td><td colspan="10"></td></tr>
<tr><td colspan="2" rowspan="2">汇票金额</td><td colspan="5" rowspan="2">人民币
（大写）叁万贰仟元整</td><td>亿</td><td>千</td><td>百</td><td>十</td><td>万</td><td>千</td><td>百</td><td>十</td><td>元</td><td>角</td><td>分</td></tr>
<tr><td></td><td></td><td></td><td>¥</td><td>3</td><td>2</td><td>0</td><td>0</td><td>0</td><td>0</td><td>0</td></tr>
<tr><td colspan="2">贴现率</td><td>4%</td><td>贴现利息</td><td>¥533.33</td><td>实付贴现金额</td><td colspan="11">¥31 466.67</td></tr>
<tr><td colspan="3">上述款项已转入你单位账户

银行盖章
2013 年 7 月 12 日</td><td>银行审批</td><td colspan="2">同意贴现
2015 年 7 月 12 日</td><td colspan="12">备注</td></tr>
</table>

说明：贴现利息 = 32 000×4%/12×5 = 533.33

（9）14 日，向武汉明华公司销售 B 产品一批，货已发出，售价 65 000 元，增值税 11 050元，开出支票，以银行存款为武汉明华公司代垫运杂费 600 元及增值税 66 元，连同运费一并办妥托收承付结算手续。

凭 9-1

上海市增值税专用发票

NO. ××××××

开票日期：2015 年 7 月 14 日

购货单位	名称：明华公司 纳税人识别号： 地址、电话： 开户行及账号：				密码区	2/987327+3/68＊3880 /><06229442/597293 380702＊03/46+<0015 168+7968283/45+/27		加密版： ×××××××××	第二联 记账联 销货方记账凭证
货物及应税劳务名称	规格型号	单位	数量	单价	金额	税率	税额		
B 产品		件	650	100.00	65 000.00	17%	11 050.00		
合　计					65 000.00		11 050.00		
价税合计(大写)	柒万陆仟零伍拾元整				¥76 050.00				
备注									
销货单位	名称：宏远有限责任公司 纳税人识别号：0208878996847876 地址、电话：上海市浦东路 208 号 开户行及账号：工商银行上海市浦东支行 6442848-001600212406				备注				

凭 9-2

中国工商银行

转账支票存根

ⅣⅡ　00046691

附加信息

出票日期 2015 年 7 月 14 日

收款人：运通公司	
金　额：¥666.00	
用　途：代垫运费	

单位主管　　会计

凭 9-3

托收承付凭证（受理回单）

委托日期 2015 年 7 月 14 日　　　　托收号码

业务类型	委托收款（□邮划、□电划）　托收承付（□邮划、□电划）													
付款人	全称	明华公司	收款人	全称	宏远有限责任公司									
	账号			账号	6442848-001600212406									
	地址			地址	上海浦东路 208 号									
托收金额	人民币（大写）柒万陆仟柒佰壹拾陆元整				亿	千	百	十	万	千	百	十	元	角	分
								¥	7	6	7	1	6	0	0
款项内容		托收凭据名称		附寄单证张数										
商品发运情况	已发	合同名称号码												
备注： 复核　　记账	款项收妥日期 年　月　日	收款人开户银行签章 年　月　日												

此联收款人开户银行给收款人的受理回单

凭 9-4

出 库 通 知 单

№ 0038428

收货单位：明华公司　　　　2015 年 7 月 14 日　　　　出库字第 003 号附单据　张

编号	名　称	规 格	单位	应发数量	实发数量	单价	金　额	附　注
	B 产品		件	650	650			
	合　计							

第二联：财务记账

会计：　　　　仓库主管：　　　　保管：万花　　　　经手：　　　　采购：

（10）14 日，本市鸿运公司购买 A 产品 2 000 件，货款 192 000 元，增值税 32 640 元，价税合计224 640元，收到对方交来银行承兑汇票，到期日为 9 月 14 日。

凭 10-1

上海市增值税专用发票

NO. ××××××

开票日期：2015 年 7 月 14 日

购货单位	名称：鸿运公司 纳税人识别号： 地址、电话： 开户行及账号：			密码区	2/987327+3/68＊3880 /><06229442/597293 380702＊03/46+<0015 168+7968283/45+/27		加密版： ××××××××××
货物及应税劳务名称	规格型号	单位	数量	单价	金额	税率	税额
A 产品		件	2 000	96. 00	192 000. 00	17%	32 640. 00
合　　计					192 000. 00		32 640. 00
价税合计(大写)	贰拾贰万肆仟陆佰肆拾元整				¥224 640. 00		
备注							
销货单位	名称：宏远有限责任公司 纳税人识别号：0208878996847876 地址、电话：上海市浦东路 208 号 开户行及账号：工商银行上海市浦东支行 6442848-001600212406			备注			

第二联　记账联　销货方记账凭证

凭 10-2

收　　据

记 账 联

发票代码

发票号码

2015 年 7 月 14 日

今收到　鸿运公司　交来　银行承兑汇票

人民币贰拾贰万肆仟陆佰肆拾元整　¥224 640. 00

系　付　A 产品货款

单位盖章：　会计：　出纳：　经手人：

③开票方记账原始凭证

凭 10-3　　　　　　　　**出 库 通 知 单**　　　　　　　　№ 0038429

收货单位：鸿运公司　　　　　　2015 年 7 月 14 日　　　　出库字第 004 号附单据　张

编号	名　称	规 格	单位	应发数量	实发数量	单价	金　　额	附　注
	A 产品		件	2 000	2 000			
合　计								

第二联：财务记账

会计：　　　　仓库主管：　　　　保管：万花　　　　经手：　　　　采购：

(11)15 日，售给四方实业有限公司 B 产品 40 件，货款 4 000 元，增值税 680 元，合计4 680元，运杂费 180 元及增值税 19.8 元以现金付讫，已办妥收款手续。

凭 11-1　　　　　　　　上海市增值税专用发票　　　　　　NO. ××××××

开票日期：2015 年 7 月 15 日

购货单位	名称：四方实业有限公司 纳税人识别号： 地址、电话： 开户行及账号：			密码区	2/987327+3/68＊3880 /><06229442/597293 380702＊03/46+<0015 168+7968283/45+/27		加密版： ×××××××××
货物及应税劳务名称	规格型号	单位	数量	单价	金额	税率	税额
B 产品		件	40	100.00	4 000.00	17%	680.00
合　计					4 000.00		680.00
价税合计(大写)	肆仟陆佰捌拾元整				¥4 680.00		
备注							
销货单位	名称：宏远有限责任公司 纳税人识别号：0208878996847876 地址、电话：上海市浦东路 208 号 开户行及账号：工商银行上海市浦东支行 6442848-001600212406			备注			

第二联　记账联　销货方记账凭证

凭 11-2

委托收款凭证（受理回单）

委托日期 2015 年 7 月 15 日　　　　托收号码

<table>
<tr><td>业务类型</td><td colspan="15">委托收款（□邮划、□电划）　托收承付（□邮划、□电划）</td></tr>
<tr><td rowspan="3">付款人</td><td>全称</td><td colspan="2">四方实业有限公司</td><td rowspan="3">收款人</td><td>全称</td><td colspan="11">宏远有限责任公司</td></tr>
<tr><td>账号</td><td colspan="2"></td><td>账号</td><td colspan="11">6442848-001600212406</td></tr>
<tr><td>地址</td><td colspan="2"></td><td>地址</td><td colspan="11">上海浦东路 208 号</td></tr>
<tr><td rowspan="2">托收金额</td><td colspan="5">人民币</td><td>亿</td><td>千</td><td>百</td><td>十</td><td>万</td><td>千</td><td>百</td><td>十</td><td>元</td><td>角</td><td>分</td></tr>
<tr><td colspan="5">（大写）肆仟捌佰柒拾玖元捌角整</td><td></td><td></td><td></td><td></td><td>¥</td><td>4</td><td>8</td><td>7</td><td>9</td><td>8</td><td>0</td></tr>
<tr><td>款项内容</td><td>货款</td><td>托收凭据名　称</td><td colspan="2">发票</td><td>附寄单证张数</td><td colspan="11">2</td></tr>
<tr><td>商品发运情况</td><td>已发</td><td>合同名称号码</td><td colspan="14"></td></tr>
<tr><td colspan="2">备注：
复核　　　记账</td><td colspan="2">款项收妥日期
年　　月　　日</td><td colspan="13">收款人开户银行签章
年　　月　　日</td></tr>
</table>

此联收款人开户银行给收款人的受理回单

凭 11-3

出 库 通 知 单

№ 0038430

收货单位：四方实业有限公司　　　　2015 年 7 月 15 日　　　　出库字第 005 号附单据　张

编号	名　称	规 格	单位	应发数量	实发数量	单价	金　额	附　注
	B 产品		件	40	40			
合　计								

第二联：财务记账

会计：　　　　仓库主管：　　　　保管：万花　　　　经手：　　　　采购：

（12）16 日，向昌达公司购买甲材料的有关凭证已到，货款50 000元，增值税8 500元，价税合计58 500元，运杂费等 1 200 元（代垫），款项未付。

凭 12-1

湖北省增值税专用发票

NO.

开票日期：2015 年 7 月 16 日

<table>
<tr><td>购货单位</td><td colspan="4">名称：宏远有限责任公司
纳税人识别号：0208878996847876
地址、电话：上海市浦东路 208 号
开户行及账号：工商银行上海市浦东支行 6442848-001600212406</td><td>密码区</td><td colspan="2">2/987327+3/68 * 3879
/><06229442/597292
380702 * 03/46+<0014
168+7968283/45+/26</td><td>加密版：
×××××××××</td><td rowspan="6">第一联　发票联　购货方记账凭证</td></tr>
<tr><td colspan="2">货物及应税劳务名称</td><td>规格型号</td><td>单位</td><td>数量</td><td>单价</td><td>金额</td><td>税率</td><td>税额</td></tr>
<tr><td colspan="2">甲材料</td><td></td><td>千克</td><td>2 000</td><td>25.00</td><td>50 000.00</td><td>17%</td><td>8 500.00</td></tr>
<tr><td colspan="2"></td><td></td><td></td><td></td><td></td><td></td><td></td><td></td></tr>
<tr><td colspan="2">合　　计</td><td></td><td></td><td></td><td></td><td>50 000.00</td><td></td><td>8 500.00</td></tr>
<tr><td colspan="2">价税合计(大写)</td><td colspan="7">伍万捌仟伍佰元整　　　　¥ 58 500.00</td></tr>
<tr><td>销货单位</td><td colspan="5">名称：昌达公司
纳税人识别号
地址、电话：
开户行及账号：</td><td>备注</td><td colspan="3"></td></tr>
</table>

凭 12-2

湖北省增值税专用发票

NO.

开票日期：2015 年 7 月 16 日

<table>
<tr><td>购货单位</td><td colspan="4">名称：宏远有限责任公司
纳税人识别号：0208878996847876
地址、电话：上海市浦东路 208 号
开户行及账号：工商银行上海市浦东支行 6442848-001600212406</td><td>密码区</td><td colspan="2">2/987327+3/68 * 3879
/><06229442/597292
380702 * 03/46+<0014
168+7968283/45+/26</td><td>加密版：
×××××××××</td><td rowspan="6">第三联　抵扣联</td></tr>
<tr><td colspan="2">货物及应税劳务名称</td><td>规格型号</td><td>单位</td><td>数量</td><td>单价</td><td>金额</td><td>税率</td><td>税额</td></tr>
<tr><td colspan="2">甲材料</td><td></td><td>千克</td><td>2 000</td><td>25.00</td><td>50 000.00</td><td>17%</td><td>8 500.00</td></tr>
<tr><td colspan="2"></td><td></td><td></td><td></td><td></td><td></td><td></td><td></td></tr>
<tr><td colspan="2">合　　计</td><td></td><td></td><td></td><td></td><td>50 000.00</td><td></td><td>8 500.00</td></tr>
<tr><td colspan="2">价税合计(大写)</td><td colspan="7">伍万捌仟伍佰元整　　　　¥ 58 500.00</td></tr>
<tr><td>销货单位</td><td colspan="5">名称：昌达公司
纳税人识别号
地址、电话：
开户行及账号：</td><td>备注</td><td colspan="3"></td></tr>
</table>

凭 12-3

郑州铁路局货物运费杂费收据

付款单位或姓名：宏远有限责任公司　　2015 年 7 月 16 日　　NO　062498

原运输票据	2015 年 7 月 3 日第 28 号		办理种别	
发　站	武汉		到　站	上海
车种车号			标　准	
货物名称	件　数	包　装	重　量	计费重量
甲材料			2 000 千克	2 000 千克
类　别	费　率	数　量	金　额	附　记
运 费	0. 6		1 200. 00	
合计金额(大写)	壹仟贰佰元整			
收款单位：武汉火车站货运部		经办人：		

凭 12-4

收　料　单

（三联式）

请购单号 ________　　№ 0013217

发票号数　　2015 年 7 月 16 日　　收料字第 002 号

材料		单位	数量	发票金额		应摊运杂费	实际成本		材料账
编号	名称及规格			单价	金额		单价	金　额	
	甲材料	千克	2 000	25. 00	50 000. 00				

第二联：财务记账

核准　　会计　　记账　　保管：李四　　供应　　验收：李四

(13)20 日，接银行转来入账通知，向长江公司托收的货款已收到入账。

凭 13-1　　委托收款凭证(收账通知)5

委托日期 2015 年 7 月 5 日　　托收号码：

<table>
<tr><td>业务类型</td><td colspan="7">委托收款(□邮划、□电划)　托收承付(□邮划、□电划)</td><td rowspan="9">此联收款人开户银行在款项收妥后给收款人的收账通知</td></tr>
<tr><td rowspan="3">付款人</td><td>全称</td><td colspan="2">长江公司</td><td rowspan="3">收款人</td><td>全称</td><td>宏远有限责任公司</td></tr>
<tr><td>账号</td><td colspan="2"></td><td>账号</td><td>6442848-001600212406</td></tr>
<tr><td>开户行</td><td colspan="2"></td><td>开户行</td><td>工商银行上海市浦东支行</td></tr>
<tr><td>金额</td><td colspan="5">人民币
(大写)伍万陆仟捌佰贰拾陆元整</td><td>亿 千 百 十 万 千 百 十 元 角 分
¥ 5 6 8 2 6 0 0</td></tr>
<tr><td>款项内容</td><td>货款及运费</td><td>托收凭据名　称</td><td colspan="2">发票</td><td>附寄单证张数</td><td>1</td></tr>
<tr><td colspan="2" rowspan="2">备注：按合同规定付款期

复核　　记账</td><td></td><td colspan="2">合同名称号码</td><td colspan="2"></td></tr>
<tr><td colspan="3">年　月　日</td><td colspan="2">付款人开户银行签章 2015 年 7 月 18 日</td></tr>
</table>

(14)21 日，收到明华公司部分承付款，对方提出部分拒付，拒付运杂费。

凭 14-1　　托收承付结算全部/部分拒绝承付理由书 4(代通知或收账通知)

拒付日期　　2015 年 7 月 21 日　　原托收号码

<table>
<tr><td rowspan="3">付款人</td><td>全称</td><td colspan="3">明华公司</td><td rowspan="3">收款人</td><td>全称</td><td>宏远有限责任公司</td></tr>
<tr><td>账号</td><td colspan="3"></td><td>账号</td><td>6442848-001600212406</td></tr>
<tr><td>开户行</td><td></td><td></td><td></td><td>开户行</td><td>工商银行上海市浦东支行</td></tr>
<tr><td>原托金额</td><td>76 716 .00</td><td>拒付金额</td><td>666. 00</td><td>部分承付金额</td><td colspan="3">¥76 050. 00</td></tr>
<tr><td colspan="2">附寄单证</td><td>2 张</td><td colspan="2">部分承付金额(大写)</td><td colspan="3">柒万陆仟零伍拾元整</td></tr>
<tr><td colspan="8">拒付理由：按原合同规定，运杂费由供货方负担，运费 666. 00 元应予部分拒付。
(付款单位签章)</td></tr>
<tr><td colspan="5">银行意见：
同意拒付理由
(银行签章) 2015 年 7 月 21 日</td><td colspan="3"></td></tr>
</table>

凭 14-2

拒付理由审核书	
根据原合同，双方协定运杂费由供货方全部承担。原合同号××××，情况属实。特此说明	
查实无误， 同意部分拒付 李明	宏远有限责任公司销售科 林斌 2015 年 7 月 21 日

(15)22 日，海奇工厂应收账款 3 280 元，已逾期 3 年，因该厂经营不善，濒于倒闭，所欠账款已无法收回，经核准作为坏账处理。

凭 15-1

内部转账单

转账日期：2015 年 7 月 22 日

对方科目	摘要	金额
应收账款	海奇工厂 2012 年货款已逾期 3 年，因该厂经营不善，濒临倒闭，所欠账款无法收回，批准核销。	3 280. 00
金额(大写)：叁仟贰佰捌拾元整		¥ 3 280. 00

(16)22 日，吴三出差归来，报销差旅费。

凭 16-1

附件 4 张

差旅费报销单

2015 年 7 月 22 日

单位名称	销售部		姓名	吴三	职别	销售部经理		
出差事由	开会				出差日期	自 2015 年 7 月 8 日 至 2015 年 7 月 11 日		
到达地点	广州							
项目金额	交通工具				其他		住宿费	伙食补助
	火车	汽车	飞机	轮船	通信费	市内交通	住 3 天	在途 4 天
			2 560. 00		50. 00	120. 00	540. 00	80. 00
总计人民币金额(大写)叁仟叁佰伍拾元整					¥3 350. 00			
原借金额：	5 000. 00	报销金额		3 350. 00	交结余或超支金额		1 650. 00	
主管：	领款人：吴三			月	日	顺序号	明细科目编号	

主管：　　　　　　　　　　　　　　出纳：

(17)25 日，新江公司银行承兑汇票到期，收到转账支票一张，已办妥有关入账手续。

凭 17-1

中国工商银行　进账单(收账通知)

2015 年 7 月 25 日

<table>
<tr><td rowspan="3">出票人</td><td>全称</td><td>新江公司</td><td rowspan="3">收款人</td><td>全称</td><td colspan="11">宏远有限责任公司</td><td rowspan="6">此联收款人开户银行给收款人的收账通知</td></tr>
<tr><td>账号</td><td></td><td>账号</td><td colspan="11">6442848-001600212406</td></tr>
<tr><td>开户银行</td><td></td><td>开户银行</td><td colspan="11">工商银行上海市浦东支行</td></tr>
<tr><td rowspan="2">金额</td><td colspan="4" rowspan="2">人民币
(大写)陆万壹仟肆佰贰拾伍元整</td><td>亿</td><td>千</td><td>百</td><td>十</td><td>万</td><td>千</td><td>百</td><td>十</td><td>元</td><td>角</td><td>分</td></tr>
<tr><td></td><td></td><td></td><td>¥</td><td>6</td><td>1</td><td>4</td><td>2</td><td>5</td><td>0</td><td>0</td></tr>
<tr><td>票据种类</td><td>转账支票</td><td>票据张数</td><td>1</td><td colspan="12">收款人开户银行签章</td></tr>
</table>

(18)26 日，向华光公司购入甲材料到货，收到有关凭证，审核无误。

凭 18-1

湖北省增值税专用发票　　NO.

开票日期：2015 年 7 月 26 日

<table>
<tr><td>购货单位</td><td colspan="4">名称：宏远有限责任公司
纳税人识别号：0208878996847876
地址、电话：上海市浦东路 208 号
开户行及账号：工商银行上海市浦东支行
6442848-001600212406</td><td>密码区</td><td colspan="2">2/987327+3/68＊3879
/><06229442/597292
380702＊03/46+<0014
168+7968283/45+/26</td><td>加密版：
×××××××××</td><td rowspan="7">第一联　发票联　购货方记账凭证</td></tr>
<tr><td colspan="2">货物及应税劳务名称</td><td>规格型号</td><td>单位</td><td>数量</td><td>单价</td><td>金额</td><td>税率</td><td>税额</td></tr>
<tr><td colspan="2">甲材料</td><td></td><td>千克</td><td>1 800</td><td>25.00</td><td>45 000.00</td><td>17%</td><td>7 650.00</td></tr>
<tr><td colspan="2"></td><td></td><td></td><td></td><td></td><td></td><td></td><td></td></tr>
<tr><td colspan="2">合　计</td><td></td><td></td><td></td><td></td><td>45 000.00</td><td></td><td>7 650.00</td></tr>
<tr><td colspan="2">价税合计(大写)</td><td colspan="7">伍万贰仟陆佰伍拾元整　　¥52 650.00</td></tr>
<tr><td>销货单位</td><td colspan="4">名称：华光公司
纳税人识别号
地址、电话：
开户行及账号：</td><td>备注</td><td colspan="3"></td></tr>
</table>

凭 18-2 **湖北省增值税专用发票** NO.

开票日期：2015 年 7 月 26 日

购货单位	名称：宏远有限责任公司 纳税人识别号：020887899684787 地址、电话：上海市浦东路 208 号 开户行及账号：工商银行上海市浦东支行 6442848-001600212406	密码区	2/987327+3/68＊3879 /><06229442/597292 380702＊03/46+<0014 168+7968283/45+/26	加密版： ××××××××××

货物及应税劳务名称	规格型号	单位	数量	单价	金额	税率	税额
甲材料		千克	1 800	25.00	45 000.00	17%	7 650.00
合　计					45 000.00		7 650.00
价税合计(大写)	伍万贰仟陆佰伍拾元整				￥52 650.00		

销货单位	名称：华光公司 纳税人识别号 地址、电话： 开户行及账号：	备注	

第三联 抵扣联

凭 18-3 **武汉铁路局货物运费杂费收据**

付款单位或姓名：宏远有限责任公司　　2015 年 7 月 25 日　　NO 062435

原运输票据	2015 年 7 月 25 日第 35 号		办理种别	
发　站	武汉		到　站	上海
车种车号			标　准	
货物名称	件　数	包　装	重　量	计费重量
甲材料	18		1 800 千克	1 800 千克
类　别	费　率	数　量	金　额	附　记
运　费	0.60		1 080.00	
合计金额(大写)	壹仟零捌拾元整			
收款单位：武汉火车站货运部		经办人：		

凭 18-4

收　料　单

请购单号 ________　　（三联式）　　№ 0013218

发票号数　　2015 年 7 月 26 日　　收料字第 003 号

材料		单位	数量	发票金额		应摊运杂费	实际成本		材料账
编号	名称及规格			单价	金额		单价	金　额	
	甲材料	千克	1 800	25.00	45 000.00				

第二联：财务记账

核准：　会计：　记账：　保管：李四　供应：　验收：李四

（19）27 日，接银行通知，华光公司退回购甲材料余款 6 270 元。

凭 19-1

汇款单位编号：　　**中国工商银行电汇委托书**（收账通知）

科目

对方科目　　委托日期 2015 年 7 月 27 日　　No：

<table>
<tr><td rowspan="3">汇款单位</td><td>全称</td><td colspan="3">华光公司</td><td rowspan="3">收款单位</td><td>全称</td><td colspan="3">宏远有限责任公司</td><td rowspan="6">此联由汇出行盖章后退给汇款单位作回单</td></tr>
<tr><td>账号</td><td colspan="3"></td><td>账号</td><td colspan="3">6442848-001600212406</td></tr>
<tr><td>汇出地点</td><td></td><td>汇出行</td><td></td><td>汇入地点</td><td>上海市</td><td>汇入行</td><td>工商银行上海市浦东支行</td></tr>
<tr><td>金额</td><td colspan="9">人民币
（大写）陆仟贰佰柒拾元整　　¥6 270.00</td></tr>
<tr><td colspan="2">汇款用途</td><td colspan="3">退付余款</td><td colspan="5" rowspan="2">（汇出行盖章）
2015 年 7 月 27 日</td></tr>
<tr><td colspan="5">上列款项已根据委托办理，如需查询请持此回单来行面洽。

单位主管：　会计：　出纳：　记账：</td></tr>
</table>

（20）27 日，接银行转来四方实业有限公司全部拒付委托收款有关凭证，同时取得四方实业有限公司委托收款凭证（退回 B 产品的运杂费 180 元及增值税 19.8 元）。当即同意拒付，开具红字发票，并通知银行付款 199.8 元。商品尚未入库。

凭 20-1　　　　**上海市增值税专用发票**　　　　NO. ××××××

开票日期：2015 年 7 月 27 日

购货单位	名称：四方实业有限公司 纳税人识别号： 地址、电话： 开户行及账号：			密码区	2/987327+3/68 * 3880 /><06229442/597293 380702 * 03/46+<0015 168+7968283/45+/27		加密版： ×××××××××	
货物及应税劳务名称	规格型号	单位	数量	单价	金额	税率	税额	第二联 记账联 销货方记账凭证
B 产品		件	-40	100	-4 000. 00	17%	-680. 00	
合　计					-4 000. 00		-680. 00	
价税合计(大写)	肆仟陆佰捌拾元整　　　¥ -4 680. 00							
备注								
销货单位	名称：宏远有限责任公司 纳税人识别号：0208878996847876 地址、电话：上海市浦东路 208 号 开户行及账号：工商银行上海市浦东支行 6442848-001600212406			备注				

凭 20-2　　　　**托收承付结算全部/部分拒绝承付理由书** 4（代通知或收账通知）

拒付日期　2015 年 7 月 21 日　　　　原托收号码

付款人	全称	四方实业有限公司		收款人	全称	宏远有限责任公司
	账号				账号	6442848-001600212406
	开户行				开户行	工商银行上海市浦东支行
原托金额	4 879. 80	拒付金额	4 879. 80	部分承付金额		
附寄单证	2 张	部分承付金额（大写）				
拒付理由：按原合同规定，质量不符合要求，应予全部拒付。 （付款单位签章）						
银行意见： 同意拒付理由 （银行签章）2015 年 7 月 21 日						

凭 20-3

托收凭证(付款通知)

委托日期 2015 年 7 月 21 日

<table>
<tr><td colspan="2">业务类型</td><td colspan="14">委托收款(□邮划、□电划)　托收承付(□邮划、□电划)</td><td rowspan="8">此联付款人开户银行给付款人的回单</td></tr>
<tr><td rowspan="3">付款人</td><td>全称</td><td colspan="3">宏远有限责任公司</td><td rowspan="3">收款人</td><td>全称</td><td colspan="9">四方实业有限公司</td></tr>
<tr><td>账号</td><td colspan="3">6442848-001600212406</td><td>账号</td><td colspan="9"></td></tr>
<tr><td>地址</td><td>上海市</td><td>开户行</td><td>工商银行上海市浦东支行</td><td>地址</td><td colspan="3"></td><td>市
县</td><td>开户行</td><td colspan="4"></td></tr>
<tr><td>金额</td><td colspan="6">人民币
(大写)壹佰玖拾玖元捌角整</td><td colspan="9">亿 千 百 十 万 千 百 十 元 角 分
¥ 1 9 9 8 0</td></tr>
<tr><td>款项内容</td><td>运费</td><td>托收凭据名称</td><td colspan="3">发票</td><td colspan="3">附寄单证张数</td><td colspan="7">1</td></tr>
<tr><td colspan="2">商品发运情况</td><td colspan="4"></td><td colspan="3">合同名称号码</td><td colspan="7"></td></tr>
<tr><td colspan="3">备注:
年　月　日</td><td colspan="3">收款人开户银行签章
年　月　日</td><td colspan="10">复核　记账</td></tr>
</table>

凭 20-4

货物运输业增值税专用发票

发票联　　开票日期 2015 年 7 月 15 日

<table>
<tr><td>承运人及纳税人识别号</td><td colspan="3"></td><td rowspan="2">密码区</td><td colspan="5" rowspan="2"></td><td rowspan="9">第三联:发票联受票方记账凭证</td></tr>
<tr><td>实际受票人及纳税人识别号</td><td colspan="3">四方实业有限公司</td></tr>
<tr><td>收货人及纳税人识别号</td><td colspan="3"></td><td colspan="2">发货人及纳税人识别号</td><td colspan="4"></td></tr>
<tr><td>起运地、经由、达到地</td><td colspan="9">上海—武汉</td></tr>
<tr><td>费用项目及金额</td><td colspan="5">运输费　180.00 元</td><td>运输货物信息</td><td colspan="3">B 产品</td></tr>
<tr><td>合计金额</td><td>¥180.00</td><td>税率</td><td>11%</td><td>税额</td><td>¥19.80</td><td>机器编号</td><td colspan="3"></td></tr>
<tr><td colspan="10">价税合计(大写)壹佰玖拾玖元捌角整　　(小写)¥199.80</td></tr>
<tr><td>车种车号</td><td></td><td>车船吨位</td><td></td><td rowspan="2">备注</td><td colspan="5" rowspan="2"></td></tr>
<tr><td>主管税务机关及代码</td><td colspan="3"></td></tr>
</table>

收款人:　　复核人:　　开票人:　　承运人:(章)

凭 20-5

货物运输业增值税专用发票

发票联　　　　开票日期 2015 年 7 月 21 日

<table>
<tr><td>承运人及
纳税人识别号</td><td colspan="4"></td><td rowspan="2">密码区</td><td colspan="3"></td></tr>
<tr><td>实际受票人及
纳税人识别号</td><td colspan="4">宏远有限责任公司</td><td colspan="3"></td></tr>
<tr><td>收货人及
纳税人识别号</td><td colspan="4">0208878996847876</td><td colspan="2">发货人及
纳税人识别号</td><td colspan="2"></td></tr>
<tr><td>起运地、经由、达到地</td><td colspan="8">武汉—上海</td></tr>
<tr><td>费用项目及金额</td><td colspan="5">运输费　180.00 元</td><td>运输货物信息</td><td colspan="2">B 产品</td></tr>
<tr><td>合计金额</td><td>¥180.00</td><td>税率</td><td>11%</td><td>税额</td><td>¥19.80</td><td>机器编号</td><td colspan="2"></td></tr>
<tr><td colspan="7">价税合计(大写)壹佰玖拾玖元捌角整</td><td colspan="2">(小写)¥199.80</td></tr>
<tr><td>车种车号</td><td></td><td>车船吨位</td><td></td><td rowspan="2">备注</td><td colspan="4" rowspan="2"></td></tr>
<tr><td>主管税务机关
及代码</td><td colspan="3"></td></tr>
</table>

第三联：发票联受票方记账凭证

收款人：　　　复核人：　　　开票人：　　　承运人：(章)

(21)27 日，将持有的黎明公司银行承兑汇票背书转让，用以支付购买市光明工厂乙材料货款，不足部分以现金支付 80 元。

凭 21-1

上海市增值税专用发票　　NO.

开票日期：2015 年 7 月 27 日

<table>
<tr><td>购货单位</td><td colspan="4">名称：宏远有限责任公司
纳税人识别号：0208878996847876
地址、电话：上海市浦东路 208 号
开户行及账号：工商银行上海市浦东支行
6442848-001600212406</td><td>密码区</td><td colspan="2">2/987327+3/68 * 3879
/><06229442/597292
380702 * 03/46+<0014
168+7968283/45+/26</td><td>加密版：
×××××××××</td></tr>
<tr><td colspan="2">货物及应税劳务名称</td><td>规格型号</td><td>单位</td><td>数量</td><td>单价</td><td>金额</td><td>税率</td><td>税额</td></tr>
<tr><td colspan="2">乙材料</td><td></td><td>千克</td><td>240</td><td>100.00</td><td>24 000.00</td><td>17%</td><td>4 080.00</td></tr>
<tr><td colspan="2"></td><td></td><td></td><td></td><td></td><td></td><td></td><td></td></tr>
<tr><td colspan="2">合　计</td><td></td><td></td><td></td><td></td><td>24 000.00</td><td></td><td>4 080.00</td></tr>
<tr><td colspan="2">价税合计(大写)</td><td colspan="7">贰万捌仟零捌拾元整　　¥28 080.00</td></tr>
<tr><td>销货单位</td><td colspan="4">名称：光明工厂
纳税人识别号
地址、电话：
开户行及账号：</td><td>备注</td><td colspan="3"></td></tr>
</table>

第一联　发票联　购货方记账凭证

凭 21-2

上海市增值税专用发票

NO.

开票日期：2015 年 7 月 27 日

购货单位	名称：宏远有限责任公司 纳税人识别号：0208878996847876 地址、电话：上海市浦东路 208 号 开户行及账号：工商银行上海市浦东支行 6442848-001600212406				密码区	2/987327+3/68 * 3879 /><06229442/597292 380702 * 03/46+<0014 168+7968283/45+/26		加密版： ×××××××××	第三联 抵扣联
货物及应税劳务名称	规格型号	单位	数量	单价	金额	税率	税额		
乙材料		千克	240	100.00	24 000.00	17%	4 080.00		
合　计					24 000.00		4 080.00		
价税合计(大写)	贰万捌仟零捌拾元整			¥28 080.00					
销货单位	名称：光明工厂 纳税人识别号 地址、电话： 开户行及账号：			备注					

凭 21-3

收　料　单

请购单号 ________　　（三联式）　　№ 0013219

发票号数　　2015 年 7 月 27 日　　收料字第 004 号

材料		单位	数量	发票金额		应摊运杂费	实际成本		材料账
编号	名称及规格			单价	金额		单价	金额	
	乙材料	千克	240	100.00	24 000.00				

第二联：财务记账

核准：　　会计：　　记账：　　保管：李四　　供应：　　验收：李四

凭 21-4 **现金收款收据** NO：0675586

申财会账证 63 号 收款日期 2015 年 7 月 27 日

付款单位（交款人）	宏远有限责任公司	收款单位（领款人）	市光明工厂	收款项目	材料款差额
人民币（大写）	捌拾元整				

千	百	十	万	千	百	十	元	角	分	结算方式
					¥	8	0	0	0	现金

收款事由		经办	部门	
			人员	

上述款项照数收讫无误。收款单位财会专用章：（领导人签章）	会计主管	稽核	出纳	交款人
	刘苏	宋阳	张华	孙海

第三联 给付款单位收据

凭 21-5 **收款收据** 发票代码

2013 年 7 月 27 日 发票号码

今收到 宏远有限责任公司 交来 银行承兑汇票一张

人民币贰万捌仟元整 ¥28 000.00

系 付 乙材料货款

单位盖章： 会计： 出纳： 经手人：

(22)28 日，接银行转来入账通知单，深圳市顺和工厂上月所欠货款已汇入银行，款已收妥。

凭 22-1 **中国工商银行支付系统专用凭证** 申 00683515

电子联行(来账)

报文种类：CMTl09 交易种类：HVPS 贷记 业务种类：11 交易号：000685429

发起行行号：080052 委托日期：2015-7-22

发起行名称：广东发展银行惠州分行营业部

汇款人账号：81010057608091003

汇款人名称：深圳市顺和工厂

接收人行号： 银行盖章

接收人名称：

收款人地址：工商银行上海市浦东支行

货币符号、金额：RMB 94 185.00

附言：货款转宏远有限责任公司工商银行上海市浦东支行

会计分录： 密押：

流水号：0102359 打印时间：2015-7-28

第 01 次打印！ 常入账

第二联作客户通知单 会计 复核 记账

(23)29日，接银行通知，上月贴现的商业承兑汇票，因祥云公司无款支付，银行将贴现商业承兑汇票款从企业存款中划归。

凭23-1　　　　**中国工商银行特种转账借方传票**

2015年7月29日

付款单位	全　称	宏远有限责任公司		收款单位	全称	工商银行上海市浦东支行	
	账号或地址	6442848-001600212406			账号或地址		
	开户银行				开户银行	工商银行上海市浦东支行	行号
金额	人民币(大写)	伍万捌仟元整		￥58 000. 00			
原始凭证金额	伍万捌仟元整	罚款赔偿金		科目(贷)			
原始凭证名称	商业承兑汇票	号码					
转载原因	贴现未收款商业承兑汇票，到期无法收回 银行盖章			对方科目(借) 会计　复核　出纳			

(24)30日，按规定计提坏账准备金。

凭24-1　　　　**坏账准备计算单**

2015年7月30日

应收款项	计提比例	期末坏账准备余额	计提前坏账准备余额	应计提或冲销坏账准备

会计主管：　　　　复核：　　　　制单：

学习情境三

职工薪酬核算

技能训练一

1. 目的：练习货币性薪酬的会计账务处理方法。

2. 资料：2015 年 6 月，M 公司当月应发工资 1 200 万元，其中：生产部门直接生产工人工资 700 万元；生产部门管理人员工资 100 万元；公司管理人员工资 180 万元；公司专设销售机构人员工资 110 万元；建造厂房人员工资 110 万元。

根据所在地政府规定，公司分别按照职工工资总额的 10%、12%、2% 和 10.5% 计提医疗保险、养老保险、失业保险和住房公积金，缴纳给当地社会保险经办机构和住房公积金管理机构。公司分别按职工工资总额的 2% 和 2.5% 计提工会经费和职工教育经费。

3. 要求：

(1) 计算应计入相关成本费用的职工薪酬金额；

(2) 编制 M 公司 2015 年 6 月分配职工薪酬的会计分录。

技能训练二

1. 目的：练习非货币性薪酬的会计账务处理方法。

2. 资料：N 公司为一家彩电生产企业，有职工 4 000 人，2015 年 2 月，公司以其生产的成本为 5 000 元的液晶彩电和外购的每台不含税价格为 500 元的电暖气作为奖励发给公司 20 位营销有功人员。该型号液晶彩电的售价为每台 7 000 元，N 公司适用的增值税税率为 17%，N 公司以银行存款支付了购买电暖气的价款和税款。

3. 要求：编制 N 公司 2015 年 2 月上述交易或事项的会计分录。

技能训练三

1. 目的：练习职工薪酬的会计账务处理方法。

2. 核算任务：

(1)开设“应付职工薪酬”总账及相关明细账；

(2)填制、审核经济业务原始凭证；

(3)根据原始凭证编制记账凭证；

(4)依据记账凭证登记“应付职工薪酬”总账及相关明细账。

实训耗材：记账凭证15张，三栏式账页10页。

3. 实训业务资料：

宏远有限责任公司为增值税一般纳税人，该公司职工薪酬由专人负责。每月末在人事管理部门提供的考勤记录和各车间提供的生产产量记录等资料的基础上，计算各部门的工资等薪酬项目，将有关薪酬费用分配计入相关成本费用项目；同时按规定及时发放工资奖金，交付各项公积金、社会保险及工会经费等。

2015年5月31日，“应付职工薪酬——工资”账面余额321 630元。

宏远有限责任公司2015年6月份发生以下经济业务：

(1)1日，公司从本月起为5位副总每人租赁一套公寓免费使用，每月每套租金4 000元，即日通过银行转账支付租金。

凭1-1

中国工商银行

转账支票存根

ⅣⅡ 0025469

附加信息

出票日期2015年6月1日

收款人：安居公司
金　额：￥20 000.00
用　途：租房

单位主管　　会计

凭 1-2　　　　　　　　　**专用收款收据**　　　　　　　　　NO：0676059

沪财会账证 86 号　　　　　　收款日期 2015 年 6 月 1 日

<table>
<tr><td>付款单位
（交款人）</td><td>宏远有限责任公司</td><td colspan="4">收款单位
（领款人）</td><td colspan="3">安居公司</td><td colspan="3">收款
项目</td><td>房租</td></tr>
<tr><td rowspan="2">人民币
（大写）</td><td rowspan="2">贰万元整</td><td>千</td><td>百</td><td>十</td><td>万</td><td>千</td><td>百</td><td>十</td><td>元</td><td>角</td><td>分</td><td>结算方式</td></tr>
<tr><td></td><td></td><td>¥</td><td>2</td><td>0</td><td>0</td><td>0</td><td>0</td><td>0</td><td>0</td><td>现金</td></tr>
<tr><td rowspan="2">收款事由</td><td rowspan="2" colspan="3">租 5 套公寓</td><td rowspan="2">经
办</td><td colspan="3">部门</td><td colspan="5">公司办公室</td></tr>
<tr><td colspan="3">人员</td><td colspan="5">张扬</td></tr>
<tr><td rowspan="2" colspan="2">上述款项照数收讫无误。
收款单位财会专用章：
（领导人签章）</td><td colspan="2">会计主管</td><td colspan="3">稽　核</td><td colspan="3">出　纳</td><td colspan="3">交款人</td></tr>
<tr><td colspan="2">郑华</td><td colspan="3"></td><td colspan="3">张凯</td><td colspan="3"></td></tr>
</table>

第三联　给付款单位收据

（2）根据“宏远有限责任公司工资发放表”（略）签发支票一张，金额为281 750元，委托工商银行上海市浦东支行代发职工 5 月工资，发放工资及其他款项共计281 750元。工资发放清单以电子文档形式同时送交银行，并经银行审核发放。

凭 2-1

中国工商银行

转账支票存根

ⅣⅡ　00046688

附加信息

出票日期 2015 年 6 月 6 日

收款人：宏远有限责任公司员工工资户
金　额：¥281 750.00
用　途：支付工资

单位主管　　会计

（3）10 日，公司将自产的电暖器作为福利发放给员工，该型号电暖器市场售价为 1 000元，生产成本为 600 元。本公司适用的增值税税率为 17%。

凭 3-1

通　知

各部门：

为了提高公司员工福利水平，经公司研究决定，将本公司自产电暖器作为福利发放给本公司在册员工，每人 1 台，请各部门按部门于即日领取。

特此通知

公司办公室

2015 年 6 月 10 日

凭 3-2

电暖器发放表

2015 年 6 月 10 日

部门	数量(台)	签名
生产部	435	周×
销售部	40	黄××
供应部	20	赵××
办公室	5	吉×
合计	500	

凭 3-3

产品出库单

购货单位：　　　　2015 年 6 月 10 日　　　　编号：

编号	名称及规格	单位	数量	单位成本(元)	总成本(元)	备注
	电暖器	台	500	600.00	300 000.00	员工福利
合计			500		300 000.00	

会计主管：　　仓库主管：　　保管：　　经发：　　制单：

(4)20 日由于一车间生产的 A 型电暖器积压严重，公司决定关闭该生产线，在与相关员工充分沟通后，计划从下年度辞退相关员工，并对他们做出补偿。

凭 4-1

宏远有限责任公司 2015 年辞退计划一览表

2015 年 6 月 20 日

所属部门	职　位	辞退数量	工龄(年)	补偿金额(万元)
一车间	车间主任	1 人	1~10	10
		2 人	10~20	40
	副主任	1 人	20~30	30
	高级技工	10 人	1~10	80
		10 人	10~20	180
		0 人	20~30	0
	一般技工	45 人	1~10	225
		25 人	10~20	375
		6 人	20~30	150
小　　计		100 人		1 090

(5)30 日，根据“工资结算汇总表”，在有关产品之间进行工资分配并填制应付工资分配计算表。

凭 5-1

工资结算汇总表

2015 年 6 月 30 日

部门		基本工资	岗位工资	各种补贴	生产奖金	应扣病事假工资	应付工资	代扣款项							实发工资
								医疗保险	工会经费	养老保险	住房公积金	失业保险	个人所得税	合计	
一车间	生产工人	42 000	7 400	3 800	4 200	860	56 540	2 200	390	1 600	650	920	360	6 120	50 420
	管理人员	21 000	2 800	1 300	3 500	290	28 310	1 150	200	800	230	460	170	3 010	25 300
	小计	63 000	10 200	5 100	7 700	1 150	84 850	3 350	590	2 400	880	1 380	530	9 130	75 720
二车间	生产工人	28 000	4 800	2 100	2 750	710	36 940	1 760	340	1 000	580	610	230	4 520	32 420
	管理人员	12 000	1 600	900	1 400	330	15 570	1 400	130	600	260	260	80	2 730	12 840
	小计	40 000	6 400	3 000	41 500	1 040	52 510	3 160	470	1 600	840	870	310	7 250	45 260
三车间	生产工人	36 000	6 000	3 200	3 500	280	48 420	2 400	350	1 500	6 620	790	300	5 960	42 460
	管理人员	28 000	3 000	1 700	1 350	—	34 050	1 200	220	1 100	270	610	270	3 670	30 380
	小计	64 000	9 000	4 900	4 850	280	82 470	3 600	570	2 600	890	1 400	570	9 630	72 840
机修车间		15 000	1 800	1 000	1 600	—	19 400	940	210	750	360	330	240	2 830	16 390
福利部门		6 800	860	600	500	80	8 680	350	90	250	130	140	100	1 060	7 620
管理部门		56 000	9 500	5 200	5 500	2 300	73 900	3 800	440	3 180	850	1 230	480	9 980	63 920
合计		244 800	37 760	19 800	24 300	5 030	321 810	15 200	2 370	10 780	3 950	5 350	2 230	39 880	281 930

凭 5-2

工资费用分配汇总表

2015 年 6 月

车间及部门		应付职工薪酬——应付工资			合计
		生产工时	分配率	分配额	
一车间	A 产品工人	12 000			
	B 产品工人	8 000			
	小　计	20 000			
	车间管理人员				
二车间	C 产品工人	3 500			
	D 产品工人	4 500			
	小　计	8 000			
	车间管理人员				
三车间	E 产品工人				
	车间管理人员				
机修车间					
福利部门人员					
行政管理部门					
合　计					

会计：　　　　　　复核：　　　　　　制单：

(6)30 日，根据“各项基金计算表”，计提企业 2015 年 6 月负担的各种基金或经费。

凭 6-1

计提各项基金计算分配表

2015 年 6 月 30 日

计提项目	计提基数	计提比率(%)	计提金额	借记账户	贷记账户
养老保险金	上年月平均工资总额：232 560 元	20			
住房公积金		8			
失业保险金		2			
基本医疗保险费		6			
地方附加医疗保险费		2			
合　计					

(7)30 日，根据“各项经费计算表”，计提企业 2015 年 6 月工会经费和职工教育经费。

凭 7-1

工会经费和职工教育经费计算分配表

2015 年 6 月

车间及部门		本月工资总额	工会经费（2%）	职工教育经费（2.5%）	合计
一车间	A 产品工人				
	B 产品工人				
	小　计				
	车间管理人员				
二车间	C 产品工人				
	D 产品工人				
	小　计				
	车间管理人员				
三车间	E 产品工人				
	车间管理人员				
机修车间					
福利部门人员					
行政管理部门					
合　　计					

（8）30 日，签发工商银行支票划转 2015 年 6 月工会经费。

凭 8-1

中国工商银行

转账支票存根

ⅣⅡ　00046690

附加信息

出票日期 2015 年 6 月 30 日

收款人：宏远有限责任公司工会经费专户
金　额：¥
用　途：划转工会经费

单位主管　　会计

(9)30日，签发工商银行支票一张，缴付2015年6月职工住房公积金22 554. 8元，其中企业负担的部分为18 604. 8元，企业从职工工资中代扣代缴的部分为3 950元。

凭9-1

中国工商银行

转账支票存根

ⅣⅡ　00046692

附加信息

出票日期2015年6月30日

收款人：宏远有限责任公司住房公积金专户	
金　额：¥22 554 . 80	
用　途：缴付住房公积金	

单位主管　　会计

凭9-2

上海市公积金汇缴书

2015年6月30日　　附清册　　张

单位名称		宏远有限责任公司		汇缴：2015年6月份			
公积金账号				补缴：　　年　月份			
人民币(大写)叁万贰仟伍佰伍拾肆元捌角整							
上月汇缴		本月增加汇缴		本月减少汇缴		本月汇缴¥22554 . 80	
人数	金额	人数	金额	人数	金额	人数	金额
付款行	付款账号	支票号码					
银行盖章：							

(10)30日，收到工商银行转来市社会保险事业基金结算管理中心的职工社会保险基金结算表和医疗保险费申报结算表等托收凭证，已从社会保险基金专户划转2015年6月各项基金共计101 098元。

凭 10-1

委托收款凭证(付款通知)

委托日期： 2015 年 6 月 30 日 无付款期

<table>
<tr><td>业务类型</td><td colspan="16">委托收款(□邮划、□电划) 托收承付(□邮划、□电划)</td><td rowspan="8">此联付款人开户行给付款人按期付款的通知</td></tr>
<tr><td rowspan="3">付款人</td><td>全称</td><td colspan="3">宏远有限责任公司</td><td rowspan="3">收款人</td><td>全称</td><td colspan="10">市社会保险事业基金结算管理中心</td></tr>
<tr><td>账号</td><td colspan="3">6442848-001600212406</td><td>账号</td><td colspan="10"></td></tr>
<tr><td>地址</td><td>上海市 市县</td><td>开户行</td><td>工商银行上海市浦东支行</td><td>地址</td><td colspan="4">市县</td><td colspan="3">开户行</td><td colspan="3"></td></tr>
<tr><td rowspan="2">金额</td><td colspan="6" rowspan="2">人民币(大写)陆万柒仟贰佰玖拾叁元贰角整</td><td>亿</td><td>千</td><td>百</td><td>十</td><td>万</td><td>千</td><td>百</td><td>十</td><td>元</td><td>角</td><td>分</td></tr>
<tr><td></td><td></td><td></td><td>¥</td><td>6</td><td>7</td><td>2</td><td>9</td><td>3</td><td>2</td><td>0</td></tr>
<tr><td>款项内容</td><td>2015 年 6 月养老保险失业保险</td><td colspan="2">托收凭据名称</td><td colspan="3"></td><td colspan="4">附寄单证张数</td><td colspan="7"></td></tr>
<tr><td colspan="2">备注：
按合同规定付款：</td><td colspan="15">付款人注意：
①根据结算办法，上列款项如在付款期限内未拒付时，即视同同意付款，以此联代付款通知。
②如需提前付款或多付款时，应另写书面通知送银行办理。</td></tr>
</table>

单位主管： 会计： 复核： 记账：

凭 10-2

委托收款凭证(付款通知)

委托日期 2015 年 6 月 30 日 无付款期

<table>
<tr><td>业务类型</td><td colspan="16">委托收款(□邮划、□电划) 托收承付(□邮划、□电划)</td><td rowspan="8">此联付款人开户行给付款人按期付款的通知</td></tr>
<tr><td rowspan="3">付款人</td><td>全称</td><td colspan="3">宏远有限责任公司</td><td rowspan="3">收款人</td><td>全称</td><td colspan="10">市社会保险事业基金结算管理中心</td></tr>
<tr><td>账号</td><td colspan="3">6442848-001600212406</td><td>账号</td><td colspan="10"></td></tr>
<tr><td>地址</td><td>上海市 市县</td><td>开户行</td><td>工商银行上海市浦东支行</td><td>地址</td><td colspan="4">市县</td><td colspan="3">开户行</td><td colspan="3"></td></tr>
<tr><td rowspan="2">金额</td><td colspan="6" rowspan="2">人民币(大写)叁万叁仟捌佰零肆元捌角整</td><td>亿</td><td>千</td><td>百</td><td>十</td><td>万</td><td>千</td><td>百</td><td>十</td><td>元</td><td>角</td><td>分</td></tr>
<tr><td></td><td></td><td></td><td>¥</td><td>3</td><td>3</td><td>8</td><td>0</td><td>4</td><td>8</td><td>0</td></tr>
<tr><td>款项内容</td><td>2015 年 6 月医疗保险</td><td colspan="2">托收凭据名称</td><td colspan="3"></td><td colspan="4">附寄单证张数</td><td colspan="7"></td></tr>
<tr><td colspan="2">备注：
按合同规定付款：</td><td colspan="15">付款人注意：
①根据结算办法，上列款项如在付款期限内未拒付时，即视同同意付款，以此联代付款通知。
②如需提前付款或多付款时，应另写书面通知送银行办理。</td></tr>
</table>

单位主管： 会计： 复核： 记账：

凭 10-3

上海市社会保险基金结算表

单位名称：宏远有限责任公司　　　　2015 年 6 月 30 日

单位编码：***********　　　本月扣款日期：2015 年 6 月 30 日　　　　　No：*****

应缴项目	核定金额/元	应缴项目	核定金额/元
1. 养老保险缴费基数	232 560.00	17. 单位缓缴社会保险费金额	0
2. 补缴历年养老保险缴费工资总额	0	18. 应缴纳金额	67 293.20
3. 养老保险单位缴费率%	20	19. 月养老金基数	0
4. 单位应缴养老保险费额	46 512.00	20. 一次性调整金额	0
5. 其他应缴养老保险费金额	0	21. 一次性补助金额	0
6. 养老保险费个人缴费总额	10 780.00	22. 新中国成立前参加革命加发生活费	0
7. 其中：个人缴费月基数		23. 其他按规定支付额	0
8. 养老保险缴纳合计	57 292.00	24. 一次性补充养老金	0
9. 失业保险缴费基数	232 560.00	25. 丧葬补助费，抚恤金	0
10. 补缴历年失业保险缴费工资总额	0	26. 其他按规定一次性支付金额	0
11. 失业保险单位缴费率%	0	27. 终止养老保险关系支付额	0
12. 单位应缴失业保险费金	4 651.20	28. 房贴	0
13. 其他应缴失业保险费金额	0	29. 应支付医疗费	0
14. 失业保险费个人缴费总额	5 350.00	30. 支付合计	0
15. 其中：个人缴费月基数		31. 自负金额	0
16. 失业保险缴纳合计	10 001.20	32. 应拨付金额	0

盖章后代付款凭证

合计(大写)陆万柒仟贰佰玖拾叁元贰角

打印日期：2015-06-30　　　社会保险经办机构(盖章)：上海市社会保险事业管理中心

补充资料：

1 月末养老保险账户职工 193 人

2 月末养老保险缴费人数 193 人

3 月末领取养老金 0 人

4 单位缓缴社会保险费含单位缓缴养老保险费 0 元、失业保险费 0 元

凭 10-4　　**上海市事业单位职工医疗保险基金收缴核定表(医险表三)**

单位名称：宏远有限责任公司　　　　单位代码：************

<table>
<tr><td colspan="11">月核定情况</td><td rowspan="2">月应上缴医疗保险：33 804. 80
其中：单位缴费：18 604. 80</td></tr>
<tr><td colspan="3">职工人数</td><td rowspan="3">缴费工资总额</td><td rowspan="3">退休工资总额</td><td colspan="6">计提医疗保险基金</td></tr>
<tr><td>在职</td><td>退休</td><td>合计</td><td colspan="3">基本医疗</td><td colspan="3">重特病统筹</td><td></td></tr>
<tr><td rowspan="2"></td><td rowspan="2"></td><td rowspan="2"></td><td>单位缴费</td><td>个人缴费</td><td>合计</td><td>单位缴费</td><td>个人缴费</td><td>合计</td><td rowspan="2"></td></tr>
<tr><td></td><td></td><td>13 953. 60</td><td>15 200. 00</td><td>29 153. 00</td><td>4 561. 20</td><td></td><td>4 651. 20</td></tr>
<tr><td colspan="5">填报单位：宏远有限责任公司
负责人：
经办人：</td><td colspan="6">税务机关名称：上海市地税局
税务登记号：0208878996847876
税务管理编号：****</td><td>医疗保险经办机构盖章
2015-6-28</td></tr>
</table>

上海市医疗保险中心制

学习情境四

筹资的核算

技能训练一

1. 目的：练习短期借款的会计核算方法。

2. 资料：长城公司于2015年4月1日因生产经营的需要，临时向银行借入600 000元，期限为4个月，年利率为6%，按月支付利息。

3. 要求：编制长城公司借入短期借款、支付利息、归还本金的会计分录。

技能训练二

1. 目的：练习长期借款的会计核算方法。

2. 资料：甲公司为建造一条生产线，于2015年1月1日从中国建设银行取得3年期借款800 000元，年利率为7%，合同规定每年12月31日支付借款利息，3年期满后一次还清本金，款项已存入银行。1月2日，支付生产线价款760 500元（其中增值税110 500元），生产线于1月2日运达企业并交付安装。生产线于2015年12月31日安装检验完毕，企业支付安装费25 000元。

3. 要求：编制甲公司借入长期借款、购建生产线、支付借款利息、归还借款本金相关会计分录。

技能训练三

1. 目的：练习一般公司债券的会计核算方法。

2. 资料：2014 年 12 月 31 日，甲公司经批准发行 5 年期一次还本、分期付息的公司债券10 000 000元，债券利息在每年 12 月 31 日支付，票面利率为年利率 6%。假定债券发行时的市场利率为 5%。

3. 要求：

(1)计算甲公司债券发行价格。

(2)填写利息费用计算表。

利息费用计算表　　单位：元

付息日期	支付利息	利息费用	摊销的利息调整	应付债券摊余成本
2014 年 12 月 31 日				
2015 年 12 月 31 日				
2016 年 12 月 31 日				
2017 年 12 月 31 日				
2018 年 12 月 31 日				
2019 年 12 月 31 日				10 000 000

(3)编制相关会计分录。

技能训练四

1. 目的：练习可转换公司债券的会计核算方法。

2. 资料：甲公司经批准于 2014 年 1 月 1 日按面值发行 5 年期一次还本按年付息的可转换公司债券200 000 000元，款项已收存银行，债券票面年利率为 6%。债券发行 1 年后可转换为普通股股票，初始转股价为每股 10 元，股票面值为每股 1 元。债券持有人若在当期付息前转换股票的，应按债券面值和应付利息之和除以转股价，计算转换的股份数。假定 2015 年 1 月 1 日债券持有人将持有的可转换公司债券全部转换为普通股股票，甲公司发行可转换公司债券时二级市场上与之类似的没有附带转换权的债券市场利率为 9%。

3. 要求：

(1)计算可转换公司债券负债成分的公允价值及权益成分的公允价值；

(2)编制发行可转换公司债券的会计分录；

(3)计算 2014 年企业应确认的利息费用金额并编制相关会计分录；

(4)计算 2015 年 1 月 1 日债券持有人行使转换权时(假定利息尚未支付)可转换的股份数并编制相关会计分录。

对外投资的核算

技能训练一

1. 目的：练习交易性金融资产的会计核算方法。

2. 资料：甲企业为工业生产企业，2014 年 1 月 1 日，从二级市场支付价款2 040 000元(含已到付息期但尚未领取的利息40 000元)购入某公司发行的债券，发生交易费用40 000元。该债券面值2 000 000元，剩余期限为 2 年，票面年利率为 4%，每半年付息一次，甲企业将其划分为交易性金融资产。其他资料如下：

(1)2014 年 1 月 5 日，收到该债券 2013 年下半年利息40 000元。

(2)2014 年 6 月 30 日，该债券的公允价值为2 300 000元(不含利息)。

(3)2014 年 7 月 5 日，收到该债券 2014 年上半年利息。

(4)2014 年 12 月 31 日，该债券的公允价值为2 200 000元(不含利息)。

(5)2015 年 1 月 5 日，收到该债券 2014 年下半年利息。

(6)2015 年 3 月 31 日，甲企业将该债券出售，取得价款2 360 000元(含 1 季度利息20 000元)。

假定不考虑其他因素。

3. 要求：编制甲企业上述有关业务的会计分录。

技能训练二

1. 目的：练习交易性金融资产及可供出售金融资产的会计核算方法。

2. 资料：2014 年 5 月，甲公司以 480 万元购入乙公司股票 60 万股作为可供出售金融资产，支付手续费 10 万元。2014 年 6 月 30 日，该股票每股市价为 7.5 元。2014 年 8 月

10日，乙公司宣告分派现金股利，每股0.2元。8月20日，甲公司收到分派的现金股利。至12月31日，甲公司仍持有该可供出售金融资产，期末每股市价为8.5元，2015年1月3日以515万元出售该可供出售金融资产。假定甲公司每年6月30日和12月31日对外提供财务报告。

3. 要求：

(1)编制上述经济业务的会计分录。

(2)若甲公司购入乙公司的股票作为交易性金融资产，其他条件不变，编制上述业务的会计分录。

技能训练三

1. 目的：练习持有至到期投资的会计核算方法。

2. 资料：A公司于2012年1月2日从证券市场上购入B公司于2011年1月1日发行的债券，该债券4年期、票面年利率为4%、每年1月5日支付上年度的利息，到期日为2015年1月1日，到期日一次归还本金和最后一次利息。A公司购入债券的面值为1 000万元，实际支付价款为992.77万元，另支付相关费用20万元。A公司购入后将其划分为持有至到期投资。购入债券的实际利率为5%。假定按年计提利息。

3. 要求：编制A公司从2012年1月2日至2015年1月1日上述有关业务的会计分录。

技能训练四

1. 目的：练习可供出售金融资产的会计核算方法。

2. 资料：A公司于2013年1月1日从证券市场上购入B公司于2012年1月1日发行

的债券作为可供出售金融资产，该债券5年期、票面年利率为5%、每年1月5日支付上年度的利息，到期日为2017年1月1日，到期日一次归还本金和最后一次利息。购入债券时的实际利率为4%。A公司购入债券的面值为1 000万元，实际支付价款为1 076.3万元，另支付相关费用10万元。假定按年计提利息。2013年12月31日，该债券的公允价值为1 030万元。2014年12月31日，该债券的预计未来现金流量现值为1 020万元。2015年1月20日，A公司将该债券全部出售，收到款项1 015.5万元存入银行。

3. 要求：编制A公司从2013年1月1日至2015年1月20日上述有关业务的会计分录。

技能训练五

1. 目的：练习长期股权投资成本法的会计核算方法。

2. 资料：甲公司有关长期股权投资的业务如下：

(1)2014年1月2日，甲公司用银行存款2 000万元取得乙公司10%的股权，另外支付相关税费20万元，并准备长期持有，乙公司系非上市公司。

(2)2014年2月25日，乙公司宣告2013年利润分配方案，分派利润600万元。

(3)2014年3月10日，甲公司收到乙公司分派的利润。

(4)2014年度，乙公司实现净利润800万元。

(5)2015年2月1日，甲公司将持有乙公司的股权全部出售，收到价款净额2 100万元，款项已收存银行。

3. 要求：编制甲公司上述经济业务事项的会计分录。

技能训练六

1. 目的：练习长期股权投资成本法的会计核算方法。

2. 资料：甲公司对 A 公司 2013—2015 年的投资有关资料如下：

(1)2013 年 1 月 1 日，甲公司支付银行存款 1 000 万元取得 A 公司 5%的股权(不具有重大影响)，另外发生相关税费 2 万元。假定该项投资公允价值不能可靠计量。

(2)2013 年 4 月 1 日，A 公司宣告分派 2012 年实现的净利润，分派现金股利 200 万元。

(3)2013 年 4 月 10 日，甲公司收到 A 公司的现金股利。

(4)2013 年，A 公司发生亏损 200 万元。

(5)2014 年，A 公司发生巨额亏损，2014 年末，甲公司对 A 公司的投资按当时的市场收益率对未来现金流量折现确定的现值为 600 万元。

(6)2015 年 1 月 20 日，甲公司将持有的 A 公司的全部股权转让给乙企业，收到价款 610 万元。

3. 要求：编制甲公司上述与投资有关业务的会计分录。

技能训练七

1. 目的：练习长期股权投资权益法的会计核算方法。

2. 资料：甲上市公司发生下列长期股权投资业务：

(1)2014 年 1 月 2 日，购入乙公司股票 1 000 万股，占乙公司有表决权股份的 20%，对乙公司的财务和经营决策具有重大影响，甲公司对其作为长期股权投资核算。每股买入价 10.5 元，每股价格中包含已宣告但尚未发放的现金股利 0.5 元，另外支付相关税费 10 万元。款项均以银行存款支付。当日，乙公司所有者权益的账面价值(与其公允价值不存在差异)为50 000万元。

(2)2014 年 3 月 15 日，收到乙公司分派的现金股利。

(3)2014 年度，乙公司实现净利润 2 000 万元。

(4)2015 年 2 月 15 日，乙公司宣告分派 2014 年度股利，每股分派现金股利 0.2 元。

(5)2015 年 3 月 10 日，收到乙公司分派的 2014 年度现金股利。

(6)2015 年 10 月 4 日，甲公司出售所持有全部乙公司股票共取得价款10 610万元(不考虑长期股权投资减值及相关税费)。

3. 要求：根据上述资料，编制甲公司长期股权投资的会计分录。

技能训练八

1. 目的：练习长期股权投资权益法的会计核算方法。

2. 资料：甲公司 2013 年 3 月 1 日至 2015 年 1 月 5 日发生下列与长期股权投资有关的经济业务：

(1)甲公司 2013 年 3 月 1 日从证券市场购入乙公司发行在外 30%的股份并准备长期持有，从而对乙公司能够施加重大影响，实际支付价款2 000万元(含已宣告但尚未发放的现金股利 50 万元)，另外支付相关税费 10 万元。2013 年 3 月 1 日，乙公司可辨认净资产公允价值为6 000万元。

(2)2013 年 3 月 20 日收到现金股利。

(3)2013 年 12 月 31 日，乙公司因可供出售金融资产的公允价值增加调增“资本公积——其他资本公积”134 万元。

(4)2013 年乙公司实现净利润 800 万元，其中 1 月和 2 月共实现净利润 200 万元。假定乙公司资产公允价值和账面价值相等。

(5)2014 年 3 月 10 日，乙公司宣告分派现金股利 150 万元。

(6)2014 年 3 月 25 日，收到现金股利。

(7)2014 年，乙公司实现净利润 900 万元。

(8)2015 年 1 月 5 日，甲公司将持有乙公司 30%的股份对外转让 6%，收到款项 485 万元存入银行。转让后持有乙公司 24%的股份，对乙公司仍具有重大影响。

3. 要求：

(1)编制上述有关业务的会计分录。

(2)计算 2015 年 1 月 5 日出售部分股权后长期股权投资的账面价值。

技能训练九

1. 目的：练习长期股权投资权益法的会计核算方法。

2. 资料：A 公司于 2013 年 1 月 1 日以 1 035 万元(含相关费用 1 万元)购入 B 公司股票 400 万股，每股面值 1 元，占 B 公司实际发行在外股数的 30%，A 公司采用权益法核算此项投资。2013 年 1 月 1 日 B 公司可辨认净资产公允价值为3 000万元。2013 年 B 公司实现净利润 180 万元，提取盈余公积40 万元。2014 年 B 公司增加资本公积 100 万元，发生亏损4 020万元。2015 年 B 公司实现净利润 500 万元。假定不考虑相关税费和其他事项。

3. 要求：编制 A 公司上述有关投资业务的会计分录。

学习情境六

资本的核算

技能训练一

1. 目的：练习有限责任公司投入资本的会计核算方法。

2. 资料：2013 年 1 月 1 日，投资者 A 和投资者 B 各出资 200 万元成立甲公司，各占 50%的股份。2015 年 1 月 1 日，投资者 C 要求加入甲公司。经有关部门批准后，甲公司实施增资，将实收资本增加到 900 万元。经三方协商，一致同意，完成下述投入后，三方投资者各拥有甲公司 300 万元实收资本，并各占甲公司 1/3 的股份。协议约定，投入资产按评估价值入账。各投资者的出资情况如下：

(1)投资者 A 以 5 台小轿车投入甲公司作为增资，小轿车原价 200 万元，已提折旧 30 万元，评估确认价值 180 万元。

(2)投资者 B 以一批原材料投入甲公司作为增资，该批原材料账面价值 100 万元，评估确认价值 100 万元，税务部门认定应缴增值税额为 17 万元，投资者 B 已开具增值税专用发票。

(3)投资者 C 以银行存款 420 万元投入甲公司。

3. 要求：

(1)编制甲公司接受投资者 A 和投资者 B 初始出资时的会计分录；

(2)编制甲公司接受投资者 A 和投资者 B 增资时的会计分录；

(3)编制甲公司接受投资者 C 初始出资时的会计分录。

技能训练二

1. 目的：练习股份有限公司减资的会计核算方法。

2. 资料：甲公司 2014 年 12 月 31 日的股本为 10 000 股，每股面值 1 元，资本公积(股本溢价)3 000万元，盈余公积为3 000万元。经股东大会批准，甲公司以现金回购本公司股票1 000万股并注销。

3. 要求：不考虑其他因素，编制下列三种情况下甲公司回购股票和注销股本的会计分录。

(1)假定甲公司按每股5元回购股票；

(2)假定甲公司按每股3元回购股票；

(3)假定甲公司按每股1元回购股票。

技能训练三

1. 目的：练习股份有限公司留存收益的会计核算方法。

2. 资料：甲股份有限公司2013年“未分配利润”年初贷方余额200万元，公司适用所得税税率为25%，法定盈余公积计提比例为10%。2013—2015年的有关资料如下：

(1)2013年实现净利润200万元，提取法定盈余公积后，宣告派发现金股利100万元；

(2)2014年发生亏损600万元；

(3)2015年实现利润总额800万元。

3. 要求：

(1)编制2013年结转净利润及利润分配的会计分录；

(2)编制2014年结转亏损的会计分录；

(3)计算2015年应交的所得税并编制相关会计分录；

(4)计算2015年可供分配利润。

技能训练四

1. 目的：练习股份有限公司留存收益的会计核算方法。

2. 资料：乙公司2014年1月1日的所有者权益为2 000万元(其中：股本1 500万元，资本公积100万元，盈余公积100万元，未分配利润300万元)。乙公司2014年实现净利润200万元，公司按实现净利润的10%提取法定盈余公积金。2015年公司发生亏损50万元，公司用以前年度的未分配利润每股分派现金股利 0.1 元，每 10 股分派股票股利 1 股。

3. 要求：

(1)编制乙公司 2014 年、2015 年结转盈亏及利润分配等有关业务的会计分录；

(2)计算乙公司 2015 年 12 月 31 日所有者权益的金额。

技能训练五

1. 目的：练习股份有限公司所有者权益的会计核算方法。

2. 资料：丙公司 2007—2015 年有关业务资料如下：

(1)2007 年 1 月 1 日，丙公司股东权益总额为 46 500 万元(其中：股本总额10 000万股，每股面值 1 元；资本公积30 000万元；盈余公积6 000万元；未分配利润 500 万元)。2007 年度，丙公司实现净利润 400 万元，股本与资本公积项目未发生变化。

(2)2008 年 3 月 1 日，丙公司董事会提出如下预案：①按 2007 年度实现净利润的 10%提取法定盈余公积；②以 2007 年 12 月 31 日的股本总额为基数，以资本公积(股本溢价)转增股本，每 10 股转增 4 股，计 4 000 万股。2008 年 5 月 5 日，丙公司召开股东大会，审议批准了董事会提出的预案，同时决定分派现金股利 300 万元。2008 年 6 月 10 日，丙公司办妥了上述资本公积转增资本的有关手续。2008 年度丙公司发生亏损3 142万元。

(3)2009—2014 年，丙公司分别实现利润总额 200 万元、300 万元、400 万元、500 万元、600 万元、600 万元。假定丙公司适用的所得税税率为 25%，无其他纳税调整事项。

(4)2015 年 5 月 9 日，丙公司股东大会决定以法定盈余公积弥补 2014 年 12 月 31 日账面累计未弥补亏损。

3. 要求：编制丙公司上述经济业务相关的会计分录。

技能训练六

1. 目的：练习有限责任公司所有者权益的会计核算方法。

2. 资料：丁公司属于工业企业，为增值税一般纳税人，公司由A、B、C三位投资人于2012年12月31日共同出资设立，注册资本800万元。出资协议规定，A、B、C三位投资人出资比例分别为40%、35%和25%。有关出资情况如下：

单位：万元

出资者	货币资金	实物资产	无形资产	合计
A	270		50(专利权)	320
B	130	150(设备)		280
C	170	30(轿车)		200
合计	570	180	50	800

以上各位投资人的出资已全部到位，并经中国注册会计师验资，有关法律手续已经办妥。

2013年丁公司实现净利润400万元，公司决定向投资人分配利润100万元，计划在2014年2月10日支付。

2014年12月31日，吸收D投资人加入本公司，将公司注册资本由原来的800万元增加到1 000万元。D投资人以银行存款100万元、原材料58.5万元(增值税专用发票记载原材料价款为50万元、增值税8.5万元)出资，占增资后注册资本的10%；其余的100万元增资由A、B、C三位投资人按原投资比例以银行存款出资。2014年12月31日，四位投资人的出资已全部到位，有关法律手续已经办妥。

3. 要求：

(1)编制丁公司上述经济业务相关的会计分录；

(2)计算丁公司2014年12月31日增资后各投资者的持股比例。

学习情境七

财务成果的核算

技能训练一

1. 目的：掌握现金折扣的会计账务处理方法。

2. 资料：甲公司在2015年7月1日向乙公司销售一批商品，开出的增值税专用发票上注明的销售价款为40 000元，增值税额为6 800元。为及早收回货款，甲公司和乙公司约定的现金折扣条件为：2/10，1/20，n/30。假定计算现金折扣时不考虑增值税额。

3. 要求：

(1)编制甲公司在2015年7月1日销售商品的会计分录；

(2)如果乙公司在7月9日付清货款，编制相关会计分录；

(3)如果乙公司在7月18日付清货款，编制相关会计分录；

(4)如果乙公司在7月底才付清货款，编制相关会计分录。

技能训练二

1. 目的：掌握销售折让的会计账务处理方法。

2. 资料：甲公司向乙公司销售一批商品，开出的增值税专用发票上注明的销售价款为100 000元，增值税额为17 000元。乙公司在验收过程中发现商品质量与合同要求不符合，要求在价格上给予5%的折让。假定甲公司已确认销售收入，款项尚未收到，已取得税务机关开具的红字增值税专用发票。

3. 要求：

(1)编制甲公司确认销售收入的会计分录；

(2)编制甲公司给予乙公司价格折让的会计分录。

技能训练三

1. 目的：掌握销售退回的会计账务处理方法。

2. 资料：甲公司在2014年12月20日向乙公司销售一批商品，开出的增值税专用发票上注明的销售价款为200 000元，增值税额为34 000元。该批商品成本为160 000元。为及早收回货款，甲公司和乙公司约定的现金折扣条件为：2/10，1/20，n/30。乙公司在2014年12月27日支付货款。

2015年4月5日，该批商品因质量问题被乙公司退回，甲公司当日支付有关款项。

假定计算现金折扣时不考虑增值税，假定销售退回不属于资产负债表日后事项。

3. 要求：

(1)编制甲公司2014年12月20日确认销售收入的会计分录；

(2)编制甲公司2014年12月27日收取货款的会计分录；

(3)编制甲公司2015年4月5日销售退回的会计分录。

技能训练四

1. 目的：掌握收取手续费方式委托代销的会计账务处理方法。

2. 资料：2014年9月25日，甲公司委托丙公司销售商品300件，商品已经发出，每件成本为60元。合同约定丙公司按每件100元对外销售，甲公司按不含增值税的售价的10%向丙公司支付手续费。

至2014年12月31日，丙公司对外实际销售200件，开出的增值税专用发票上注明的销售价款为20 000元，增值税额为3 400元，款项已经收到。

甲公司收到丙公司开具的代销清单时，向丙公司开具一张相同金额的增值税专用发票。假定甲公司发出商品时纳税义务尚未发生，不考虑其他因素。

3. 要求：分别编制甲公司、丙公司代销业务有关会计分录。

技能训练五

1. 目的：掌握视同买断方式委托代销的会计账务处理方法。

2. 资料：2015年7月10日，甲公司委托丙公司销售商品300件，商品已经发出，每件成本为60元。合同约定，丙公司根据实际销售数量按每件100元与甲公司结算货款。

丙公司按每件220元对外销售，至2015年12月31日，丙公司对外实际销售200件，开出的增值税专用发票上注明的销售价款为44 000元，增值税额为7 480元，款项已经收到。

甲公司收到丙公司开具的代销清单时，向丙公司开具一张增值税专用发票，增值税专用发票上注明的销售价款为20 000元，增值税额为3 400元。假定甲公司发出商品时纳税义务尚未发生，不考虑其他因素。

3. 要求：分别编制甲公司、丙公司代销业务有关会计分录。

技能训练六

1. 目的：掌握以旧换新方式销售商品的会计账务处理方法。

2. 资料：2015 年 10 月 1 日，A 家电公司采用以旧换新方式销售空调 10 台，单位售价为2 000元(含增值税)，单位成本为1 500元；同时收回 10 台旧空调，每台回收价为 200 元(不考虑增值税)，A 公司收到扣除旧空调的款项存入银行。

3. 要求：编制 A 公司上述业务相关会计分录。

技能训练七

1. 目的：掌握售后回购方式销售商品的会计账务处理方法。

2. 资料：2015 年 6 月 1 日，甲公司向乙公司销售一批商品，开出的增值税专用发票上注明的销售价款为 200 万元，增值税额为 34 万元。该批商品成本为 160 万元。商品并未发出，款项已经收到。协议约定，甲公司应于 10 月 30 日将所售商品购回，回购价为 220 万元(不含增值税额)。

3. 要求：编制甲公司上述业务相关会计分录。

技能训练八

1. 目的：掌握提供劳务收入的会计账务处理方法。

2. 资料：A 公司于 2015 年 11 月 1 日接受一项设备安装任务，安装期为 5 个月，合同总收入600 000元，至年底已收到安装费200 000元(余款在安装完成时收回)，实际发生安装费用210 000元(假定均为安装人员薪酬)，估计还会发生190 000元。假定甲公司按实际发生的成本占估计总成本的比例确定劳务的完工进度。

3. 要求：

(1)计算2015年12月31日劳务的完工进度、应确认的提供劳务收入和应结转的劳务成本；

(2)编制A公司上述业务相关会计分录。

技能训练九

1. 目的：掌握让渡资产使用权的会计账务处理方法。

2. 资料：甲公司向丁公司转让其商品的商标使用权，约定丁公司每年年末按年销售收入的3%支付使用费，使用期5年。2014年丁公司实现销售收入500万元；2015年丁公司实现销售收入800万元。假定甲公司均于每年年末收到使用费，不考虑其他因素。

3. 要求：编制甲公司2014年、2015年确认使用费收入的会计分录。

技能训练十

1. 目的：掌握财务成果的会计账务处理方法。

2. 资料：A公司2015年度的有关资料如下：

(1)本年利润总额为500万元，适用的企业所得税税率为25%。按照税法规定本年度准予扣除的业务招待费为30万元，实际发生业务招待费50万元，支付的税收罚款10万元，国债利息收入10万元。假定不考虑其他因素。

(2)A公司年初未分配利润贷方余额100万元。

(3)按照税后利润的10%和5%提取法定盈余公积和任意盈余公积。

(4)宣告分派现金股利100万元。

3. 要求：

(1)计算A公司2015年度应交所得税、净利润并编制相关会计分录。

(2)编制A公司提取法定盈余公积和任意盈余公积的会计分录。

(3)编制A公司宣告分派现金股利的会计分录。

(4)计算A公司2015年末未分配利润余额。

技能训练十一

1. 目的：掌握财务成果的会计账务处理方法。

2. 资料：星星公司2015年年终结账前有关损益类科目的余额如下：

单位：元

科目	账面余额	科目	账面余额
主营业务收入	1 050 000	主营业务成本	750 000
其他业务收入	200 000	其他业务成本	150 000
投资收益	15 000	营业税金及附加	36 000
营业外收入	40 000	销售费用	40 000
		管理费用	120 000
		财务费用	25 000
		营业外支出	70 000

其他相关资料如下：

(1)现金清查中发现库存现金比账面多出1 500元，无法查明原因，经批准作企业利得；

(2)公司营业外支出中有1 000元为非公益性捐赠；

(3)公司该年超过工资合理支出数额为3 500元；

(4)本年投资收益包含国债利息收入4 000元。

3. 要求：

(1)编制现金溢余的会计分录。

(2)将损益类科目结转"本年利润"科目(该公司平时采用表结法)。

(3)计算公司应交所得税并编制相关会计分录(所得税税率25%)。

(4)计算公司当年净利润。

技能训练十二

1. 目的：掌握所得税的会计账务处理方法。

2. 资料：甲公司2015年度有关资料如下：

(1)利润总额为1 000万元。

(2)发生超标准业务招待费50万元。

(3)国债利息收入 20 万元。

(4)其他纳税调整调增金额 100 万元(含递延所得税)。

(5)递延所得税资产年初余额 30 万元，期末余额 50 万元。

(6)递延所得税负债年初余额 50 万元，期末余额 40 万元。

(7)甲公司适用所得税税率为 25%。

(8)甲公司递延所得税资产和递延所得税负债的发生额均影响本期所得税费用。

3. 要求：

(1)计算甲公司 2015 年“应交所得税”并编制相关会计分录。

(2)计算甲公司 2015 年“所得税费用”并编制相关会计分录。

(3)计算甲公司 2015 年净利润。

技能训练十三

1. 目的：掌握收入、费用、利润的会计账务处理方法。

2. 资料：A 企业为增值税一般纳税人，增值税税率为 17%，所得税税率为 25%。企业有关资料如下：

(1)2015 年 11 月 30 日，该企业尚未抵扣的增值税进项税额21 500元。

(2)2015 年 12 月，A 企业发生如下经济业务：

①购进原材料一批，增值税专用发票记载价款 100 000 元，增值税17 000元，款项以银行存款支付，材料已验收入库(原材料按实际成本计价核算)。

②销售给 B 公司产品一批，增值税专用发票记载售价300 000元，增值税51 000元。收到 B 公司交来的面值为351 000元的银行汇票一张，已办妥进账手续。产品成本为200 000元。

③报废旧设备一台，设备原值 65 000 元，已提折旧 60 000 元，发生清理费用1 000元，取得残料变价收入2 000元，有关款项已通过银行结算完毕。

④B 公司来函提出，本月购买的产品中，有 100 000 元的甲产品质量未达到合同要求，要求在价格上给予40 000元的折让。经查情况属实，同意 B 公司的要求，办理退款手续并开具红字专用发票。

⑤于 2015 年 8 月开始为客户研制一项产品，工期为 6 个月，合同收入330 000元。至 2015 年 12 月 31 日已发生成本220 000元，已预收款项200 000元。假定该项目发生的费用均用银行存款支付，预计开发完成此项产品总成本为250 000元。年末经专业测量师测量，产品的开发程度为 85%。

⑥用银行存款支付本月管理费用 18 430 元。

⑦计算本月应交的增值税，并分别按应交增值税的 7% 和 3% 计提本月应交的城建税和教育费附加。

3. 要求：

(1)编制资料(2)有关经济业务的会计分录。

(2)计算2015年12月A企业利润表中营业利润、利润总额、净利润的金额(列出计算过程)。

技能训练十四

1. 目的：掌握收入、费用、利润的会计账务处理方法。

2. 资料：甲公司为增值税一般纳税人，增值税税率为17%，所得税税率为25%。企业产品售价中均不含增值税，产品销售成本按经济业务逐项结转。2015年度，甲公司发生如下经济业务事项：

(1)销售A产品一批，售价800 000元，成本350 000元。产品已发出，并开具了增值税专用发票，已办妥托收手续。

(2)收到乙公司因产品质量问题退回的B产品一批，已入库。甲公司用银行存款支付了退货款，并向乙公司开具了红字增值税专用发票。该退货系甲公司2014年12月20日以提供现金折扣方式(折扣条件：2/10、1/20、N/30，折扣仅限销售价款)出售给乙公司的，产品销售价款40 000元，成本22 000元。销售款项于12月29日收到并存入银行(该项退货不属于资产负债表日后事项)。

(3)委托丙公司代销C产品一批，产品已交付丙公司。代销合同规定，甲公司按产品售价(不含增值税)的10%向丙公司支付代销手续费，该批产品的销售价款为120 000元，成本66 000元。

(4)收到丙公司的代销清单，丙公司已将代销的C产品全部售出，款项尚未支付给甲公司。甲公司收到代销清单时向丙公司开具了增值税专用发票，并按合同规定确认应向丙公司支付的代销手续费。

(5)用银行存款支付管理费用67 800元。

(6)计提坏账准备金4 000元。

(7)计提应交城建税2 100元，应交教育费附加900元。

(8)计算应交所得税(假定无纳税调整事项)。

(9)结转本年利润(甲公司年末一次性结转损益类科目)。

3. 要求：

(1)编制甲公司上述经济业务的会计分录。

(2)计算甲公司2015年度的营业收入、营业成本、营业利润和净利润(要求列出计算过程)。

技能训练十五

1. 目的：掌握财务成果的会计账务处理方法。

2. 核算任务：

(1)开设主营业务收入、主营业务成本、营业税金及附加、其他业务收入、其他业务成本、投资收益、营业外收入、营业外支出、所得税、本年利润、利润分配总账及相关明细账；

(2)填制、审核经济业务原始凭证；

(3)根据原始凭证编制记账凭证；

(4)依据记账凭证登记总账及相关明细账；

(5)月末结账、对账。

实训耗材：记账凭证 30 张，三栏式账页 6 页，多栏式账页 10 页。

3. 实训业务资料：

宏远有限责任公司为增值税一般纳税人，公司期末一次性按照实际成本结转已销产品的生产成本，其他业务的成本随时结转。

2015 年 12 月宏远有限责任公司发生的经济业务资料：

(1)1 日，向江陵机车厂销售 A 产品 2 000 个，单价 95 元，收到转账支票。单位成本 80 元。

凭 1-1　　**上海市增值税专用发票**　　NO.

开票日期：2015 年 12 月 1 日

<table>
<tr><td>购货单位</td><td colspan="4">名称：江陵机车厂
纳税人识别号：
地址、电话：
开户行及账号：工商银行华东路分理处 44759274</td><td>密码区</td><td colspan="2">2/987327+3/68＊3879
/><06229442/597292
380702＊03/46+<0014
168+7968283/45+/26</td><td>加密版：01
×××××××××</td><td rowspan="6">第二联　记账联　销货方记账凭证</td></tr>
<tr><td colspan="2">货物及应税劳务名称</td><td>规格型号</td><td>单位</td><td>数量</td><td>单价</td><td>金额</td><td>税率</td><td>税额</td></tr>
<tr><td colspan="2">A 产品</td><td></td><td>个</td><td>2 000</td><td>95.00</td><td>190 000.00</td><td>17%</td><td>32 300.00</td></tr>
<tr><td colspan="2">合　计</td><td></td><td></td><td></td><td></td><td>190 000.00</td><td></td><td>32 300.00</td></tr>
<tr><td colspan="2">价税合计(大写)</td><td colspan="7">贰拾贰万贰仟叁佰元整　　¥222 300.00</td></tr>
<tr><td>销货单位</td><td colspan="5">名称：宏远有限责任公司
纳税人识别号：0208878996847876
地址、电话：上海市浦东路 208 号
开户行及账号：工商银行上海市浦东支行 6442848-001600212406</td><td>备注</td><td colspan="2"></td></tr>
</table>

凭 1-2　　　　**中国工商银行　进账单(收账通知)**

2015 年 12 月 1 日

出票人	全称	江陵机车厂	收款人	全称	宏远有限责任公司
	账号	44759274		账号	6442848-001600212406
	开户银行	工行华东路分理处		开户银行	工商银行上海市浦东支行

金额	亿	千	百	十	万	千	百	十	元	角	分
人民币 (大写)贰拾贰万贰仟叁佰元整			¥	2	2	2	3	0	0	0	0

票据种类	转账支票	票据张数	1	收款人开户银行签章
票据号码				
复核	记账			

此联收款人开户银行给收款人的收账通知

凭 1-3　　　　**出 库 通 知 单**　　　　№0038431

收货单位：江陵机车厂　　　　2015 年 12 月 1 日　　　　出库字第 001 号附单据　张

编号	名　　称	规 格	单位	应发数量	实发数量	单价	金　　额	附　　注
	A 产品		个	2 000	2 000			
合　　计				2 000	2 000			

第二联：财务记账

会计：　　　仓库主管：　　　保管：万花　　　经手：　　　采购：

注：月末一次结转销售成本。

(2)1 日，向兴达拖拉机厂销售 C 产品 5 000 个，单价 28 元，公司为了及早收回货款而在合同中规定现金折扣的条件为 2/10、1/20、n/30。

凭 2-1　　　　**上海市增值税专用发票**　　　　NO. ××××××

开票日期：2015 年 12 月 1 日

购货单位	名称：兴达拖拉机厂 纳税人识别号： 地址、电话： 开户行及账号：工商银行华东路分理处 3551631	密码区	2/987327+3/68 * 3880 /><06229442/597293 380702 * 03/46+<0015 168+7968283/45+/27	加密版：01 ×××××××××			
货物及应税劳务名称	规格型号	单位	数量	单价	金额	税率	税额
C 产品		个	5 000	28. 00	140 000. 00	17%	23 800. 00
合　计					140 000. 00		23 800. 00
价税合计(大写)	壹拾陆万叁仟捌佰元整				¥163 800. 00		
备注	结算条件：2/10，1/20，n/30						
销货单位	名称：宏远有限责任公司 纳税人识别号：0208878996847876 地址、电话：上海市浦东路 208 号 开户行及账号：工商银行上海市浦东支行 6442848-001600212406	备注					

第二联　记账联　销货方记账凭证

凭 2-2　　　　**出 库 通 知 单**　　　　№0038432

收货单位：兴达拖拉机厂　　　　2015 年 12 月 1 日　　　　出库字第 002 号附单据　张

编号	名　　称	规 格	单位	应发数量	实发数量	单价	金　　额	附　　注
	C 产品		个	5 000	5 000			
	合　　计			5 000	5 000			

第二联：财务记账

会计：　　　仓库主管：　　　保管：万花　　　经手：　　　采购：

(3)2 日，以现金支付公平律师事务所法律咨询费 2 100 元。

凭 3-1

上海市财政局

行政事业性收费统一收费票据

缴款单位：宏远有限责任公司　　2015 年 12 月 2 日　　No：

收费项目	单位	数量	单价	金额						
				万	千	百	十	元	角	分
咨询费					2	1	0	0	0	0
金额合计	人民币贰仟壹佰元整			¥	2	1	0	0	0	0
开票单位	公平律师事务所（盖章有效）	开户行	中国银行南京路分理处							
		账号	135-324-9916							

收费单位：　　收款人：张秉

（4）5 日，向北华机车厂销售 B 产品 10 000 个，单价 25 元，收到转账支票 1 张，向购货方开出增值税专用发票。

凭 4-1

中国工商银行　进账单（收账通知）

2015 年 12 月 5 日

<table>
<tr><td rowspan="3">出票人</td><td>全称</td><td>北华机车厂</td><td rowspan="3">收款人</td><td>全称</td><td colspan="11">宏远有限责任公司</td><td rowspan="7">此联收款人开户银行给收款人的收账通知</td></tr>
<tr><td>账号</td><td>8817857</td><td>账号</td><td colspan="11">6442848-001600212406</td></tr>
<tr><td>开户银行</td><td>工商银行朝阳路分理处</td><td>开户银行</td><td colspan="11">工商银行上海市浦东支行</td></tr>
<tr><td rowspan="2">金额</td><td colspan="4" rowspan="2">人民币
（大写）贰拾玖万贰仟伍佰元整</td><td>亿</td><td>千</td><td>百</td><td>十</td><td>万</td><td>千</td><td>百</td><td>十</td><td>元</td><td>角</td><td>分</td></tr>
<tr><td></td><td></td><td>¥</td><td>2</td><td>9</td><td>2</td><td>5</td><td>0</td><td>0</td><td>0</td><td>0</td></tr>
<tr><td>票据种类</td><td>转账支票</td><td>票据张数</td><td>1</td><td colspan="12" rowspan="2">收款人开户银行签章</td></tr>
<tr><td>票据号码</td><td colspan="3"></td></tr>
<tr><td colspan="4">复核　　记账</td><td colspan="12"></td></tr>
</table>

凭 4-2　　　　**上海市增值税专用发票**　　　　NO. ××××××

开票日期：2015 年 12 月 5 日

购货单位	名称：北华机车厂 纳税人识别号： 地址、电话： 开户行及账号：工商银行朝阳路分理处 8817857	密码区	2/987327+3/68＊3881 /><06229442/597294 380702＊03/46+<0016 168+7968283/45+/28 加密版：01 ××××××××××

货物及应税劳务名称	规格型号	单位	数量	单价	金额	税率	税额
B 产品		个	10 000	25. 00	250 000. 00	17%	42 500. 00
合　　计					250 000. 00		42 500. 00
价税合计(大写)	贰拾玖万贰仟伍佰元整				￥292 500. 00		

销货单位	名称：宏远有限责任公司 纳税人识别号：0208878996847876 地址、电话：上海市浦东路 208 号 开户行及账号：工商银行上海市浦东支行 6442848-001600212406	备注	

第二联　记账联　销货方记账凭证

凭 4-3　　　　**出 库 通 知 单**　　　　№0038433

收货单位：北华机车厂　　　　2015 年 12 月 5 日　　　　出库字第 003 号附单据　张

编号	名　称	规 格	单位	应发数量	实发数量	单价	金　额	附　注
	B 产品		个	10 000	10 000			
	合　　计			10 000	10 000			

会计：　　　仓库主管：　　　保管：万花　　　经手：　　　采购：

第二联：财务记账

(5)6 日，江陵机车厂收到前售 A 产品后发现质量不合格，要求在价格上给予 10% 折让。

凭 5-1

国家税务总局 上海市支局

企业进货退出及索取折让证明单

No：

销货单位	全称	宏远有限责任公司			
销货单位	纳税人登记号	0208878996847876			
索取折让	货物名称	货款	税额	要求	
				折让金额	折让税额
	A 产品	190 000. 00	32 300. 00	19 000. 00	3 230. 00
索取折让理由	同意 经办人： 单位签章 2015 年 12 月 6 日		征收机关签章	同意 经办人： 2015 年 12 月 6 日	
购货单位	全称	江陵机车厂			
购货单位	纳税人登记号	6932581478			

凭 5-2

上海市增值税专用发票

NO. ××××××

开票日期：2015 年 12 月 6 日

购货单位	名称：江陵机车厂 纳税人识别号： 地址、电话： 开户行及账号：工商银行华东路分理处 44759274			密码区	2/987327+3/68 * 3872 /><06229442/597295 380702 * 03/46+<0017 168+7968283/45+/29		加密版：01 ×××××××××
货物及应税劳务名称	规格型号	单位	数量	单价	金额	税率	税额
A 产品		个			-190 00. 00	17%	-3 230. 00
合　计					-19 000. 00		-3 230. 00
价税合计(大写)	贰万贰仟贰佰叁拾元整				¥ -22 230. 00		
销货单位	名称：宏远有限责任公司 纳税人识别号：0208878996847876 地址、电话：上海市浦东路 208 号 开户行及账号：工商银行上海市浦东支行 6442848-001600212406				备注		

第二联 发票联 销货方记账凭证

凭 5-3　　　　**中国工商银行　　电汇凭证**(回　单)

□普通　□加急　　　　委托日期 2015 年 12 月 6 日

<table>
<tr><td rowspan="3">汇款人</td><td>全称</td><td>宏远有限责任公司</td><td rowspan="3">收款人</td><td>全称</td><td colspan="11">江陵机车厂</td><td rowspan="6">此联汇出行给汇款人的回执</td></tr>
<tr><td>账号</td><td>6442848-001600212406</td><td>账号</td><td colspan="11">44759274</td></tr>
<tr><td>汇出地点</td><td>上海市/县</td><td>汇入地点</td><td colspan="11">上海市/县</td></tr>
<tr><td colspan="2">汇出行名称</td><td>工商银行上海市浦东支行</td><td colspan="2">汇入行名称</td><td colspan="11">工商银行华东路分理处</td></tr>
<tr><td rowspan="2">金额</td><td colspan="4" rowspan="2">人民币
(大写)贰万贰仟贰佰叁拾元整</td><td>亿</td><td>千</td><td>百</td><td>十</td><td>万</td><td>千</td><td>百</td><td>十</td><td>元</td><td>角</td><td>分</td></tr>
<tr><td></td><td></td><td></td><td>¥</td><td>2</td><td>2</td><td>2</td><td>3</td><td>0</td><td>0</td><td>0</td></tr>
<tr><td colspan="3" rowspan="2">汇出行签章
2015 年 12 月 6 日</td><td colspan="2">支付密码</td><td colspan="11"></td></tr>
<tr><td colspan="13">附加信息及用途：
销货折让
复核　　　记账</td></tr>
</table>

(6)6 日，收到兴达拖拉机厂 C 产品款。

凭 6-1　　　　**中国工商银行　进账单(收账通知)**

2015 年 12 月 6 日

<table>
<tr><td rowspan="3">出票人</td><td>全称</td><td>兴达拖拉机厂</td><td rowspan="3">收款人</td><td>全称</td><td colspan="11">宏远有限责任公司</td><td rowspan="7">此联收款人开户银行给收款人的收账通知</td></tr>
<tr><td>账号</td><td>3551631</td><td>账号</td><td colspan="11">6442848-001600212406</td></tr>
<tr><td>开户银行</td><td>工商银行华东路分理处</td><td>开户银行</td><td colspan="11">工商银行上海市浦东支行</td></tr>
<tr><td rowspan="2">金额</td><td colspan="4" rowspan="2">人民币
(大写)壹拾陆万壹仟元整</td><td>亿</td><td>千</td><td>百</td><td>十</td><td>万</td><td>千</td><td>百</td><td>十</td><td>元</td><td>角</td><td>分</td></tr>
<tr><td></td><td></td><td>¥</td><td>1</td><td>6</td><td>1</td><td>0</td><td>0</td><td>0</td><td>0</td><td>0</td></tr>
<tr><td>票据种类</td><td>转账支票</td><td>票据张数</td><td>1</td><td colspan="12" rowspan="2">收款人开户银行签章</td></tr>
<tr><td>票据号码</td><td colspan="3"></td></tr>
</table>

(7)7 日，向兴达拖拉机厂销售 A 产品 4 000 个，单价 92 元，收到转账支票 1 张，单位成本 80 元。

凭 7-1

上海市增值税专用发票

NO. ××××××

开票日期：2015 年 12 月 7 日

购货单位	名称：兴达拖拉机厂 纳税人识别号： 地址、电话： 开户行及账号：工商银行华东路分理处 3551631			密码区	2/987327+3/68 * 3873 /><06229442/597296 380702 * 03/46+<0018 168+7968283/45+/20		加密版：01 ××××××××××
货物及应税劳务名称	规格型号	单位	数量	单价	金额	税率	税额
A 产品		个	4 000	92. 00	368 000. 00	17%	62 560. 00
合　计					368 000. 00		62 560. 00
价税合计(大写)	肆拾叁万零伍佰陆拾元整				¥430 560. 00		
销货单位	名称：宏远有限责任公司 纳税人识别号：0208878996847876 地址、电话：上海市浦东路 208 号 开户行及账号：工商银行上海市浦东支行 6442848-001600212406			备注			

第二联　记账联　销货方记账凭证

凭 7-2

出 库 通 知 单

№0038434

收货单位：兴达拖拉机厂　　2015 年 12 月 7 日　　出库字第 004 号附单据　张

编号	名　称	规 格	单位	应发数量	实发数量	单价	金额	附注
	A 产品		个	4 000	4 000			
合　计				4 000	4 000			

第二联：财务记账

会计：　　仓库主管：　　保管：万花　　经手：　　采购：

凭 7-3

中国工商银行　进账单(收账通知)

2015 年 12 月 7 日

出票人	全称	兴达拖拉机厂	收款人	全称	宏远有限责任公司
	账号	3551631		账号	6442848-001600212406
	开户银行	工商银行华东路分理处		开户银行	工商银行上海市浦东支行

金额	亿	千	百	十	万	千	百	十	元	角	分
人民币(大写)肆拾叁万零伍佰陆拾元整			¥	4	3	0	5	6	0	0	0

票据种类	转账支票	票据张数	1	收款人开户银行签章
票据号码				
复核	记账			

此联收款人开户银行给收款人的收账通知

(8)9 日，办公室以现金购买办公用品 65 元。

凭 8-1

上海市商业零售发票

发票联

客户名称：宏远有限责任公司　　2015 年 12 月 9 日

货号	品名及规格	单位	数量	单价	金额 万	千	百	十	元	角	分
	钢笔	支	5	13.00				6	5	0	0
合计金额(大写)	陆拾伍元整						¥	6	5	0	0
付款方式	现金	开户银行及账号									

②报销凭证

收款单位(盖章有效)　　开票人：

(9)10 日，公司委托红星贸易公司销售 A 产品 20 000 个，协议价每个 90 元。A 产品单位成本每个 80 元。

凭 9-1

出 库 通 知 单

№ 0038435

收货单位：江陵机车厂　　2015 年 12 月 10 日　　出库字第 005 号附单据　张

编号	名　称	规格	单位	应发数量	实发数量	单价	金　额	附　注
	A 产品		个	20 000	20 000	80.00	1 600 000.00	委托红星
								贸易公司
								代销
合　计				20 000	20 000	80.00	1 600 000.00	

第二联：财务记账

会计：　　仓库主管：　　保管：万花　　经手：　　采购：

(10)12 日，将多余的圆钢 400 千克销售给光明机车配件厂，单价 15 元，已收到银行转来的电汇收账通知。圆钢的成本为 9.5 元。

凭 10-1

上海市增值税专用发票

NO. ××××××

开票日期：2015 年 12 月 12 日

购货单位	名称：光明机车配件厂 纳税人识别号： 地址、电话： 开户行及账号：工商银行长虹路分理处 9374625	密码区	2/987327+3/68＊3874 /><06229442/597297 380702＊03/46+<0019 168+7968283/45+/21

加密版：01 ×××××××××

货物及应税劳务名称	规格型号	单位	数量	单价	金额	税率	税额
圆钢		千克	400	15.00	6 000.00	17%	1 020.00
合　计					6 000.00		1 020.00
价税合计(大写)	柒仟零贰拾元整				¥7 020.00		

销货单位	名称：宏远有限责任公司 纳税人识别号：0208878996847876 地址、电话：上海市浦东路 208 号 开户行及账号：工商银行上海市浦东支行 6442848-001600212406	备注	多余原材料销售

第二联　记账联　销货方记账凭证

凭 10-2　　　　**出 库 通 知 单**　　　　№0038436

收货单位：光明机车配件厂　　　　2015 年 12 月 12 日　　　　出库字第 006 号附单据　张

编号	名　称	规格	单位	应发数量	实发数量	单价	金　额	附　注
	圆钢		千克	400	400	9.50	3 800.00	多余原材料
合　计				400	400	9.50	3 800.00	

第二联：财务记账

会计：　　仓库主管：　　保管：李四　　经手：　　采购：

凭 10-3　　　　**工商银行电划代收补充报单**(收账通知)

2015 年 12 月 12 日

业务类型	委托收款(□邮划、□电划)　托收承付(□邮划、□电划)				
付款人 全称	光明机车配件厂		收款人 全称	宏远有限责任公司	
付款人 账号	9374625		收款人 账号	6442848-001600212406	
付款人 地址	市　县	开户行：工商银行长虹路分理处	收款人 地址	上海市　市　浦东区　县	开户行：工商银行上海市浦东支行
托收金额	人民币(大写)柒仟零贰拾元整			亿 千 百 十 万 千 百 十 元 角 分	¥ 7 0 2 0 0 0
款项内容	支付货款				
备注：验单付款　复核：　记账：	上列款项已划回收入你方账户内。		收款人开户银行签章　年　月　日		

此联收款人开户银行给收款人的受理回单

(11) 14 日，以转账支票向市场信息报社支付广告费 8 500 元。

凭 11-1　　　　**上海市财政局**

行政事业性收费统一收费票据

缴款单位：宏远有限责任公司　　　　2015 年 12 月 14 日　　　　No:

收费项目	单位	数量	单价	金额 万	千	百	十	元	角	分
广告费					8	5	0	0	0	0
金额合计	人民币捌仟伍佰元整			¥	8	5	0	0	0	0
开票单位	市场信息报社(盖章有效)	开户行	工商银行大宁路分理处							
		账号	6199432							

收费单位：市场信息报社　　　　收款人：李东

凭 11-2

中国工商银行

转账支票存根

ⅣⅡ　00046687

附加信息

出票日期 2015 年 12 月 14 日

收款人：市场信息报社	
金　额：¥8 500.00	
用　途：支付广告费	

单位主管：　　会计：

(12)16 日，报废车床一台，原值 15 000 元，已提折旧额 14 000 元，残值收入现金 2 000元，另以现金 50 元支付清理费，结转清理损益。

凭 12-1

固定资产报废单

2015 年 12 月 16 日

名称编号	型号规格	预计使用年限	已使用年限	原值	已提折旧额	预计残值	折余价值
车床 214		10	10	15 000.00	14 000.00	1 000.00	1 000.00
报废原因	技术部门意见	处理建议	使用部门意见	主管领导意见	报废日期		
主要部件已经严重毁损	达不到精度要求建议报废	送市物资回收公司	建议报废	同意	2015 年 12 月 16 日		

凭 12-2

上海市企业单位统一收费收据

2015 年 12 月 16 日　　　　No：

付款单位	物资回收公司	支付方式	现　金								
人民币（大写）	贰仟元整		百	十	万	千	百	十	元	角	分
					¥	2	0	0	0	0	0
收费项目	废旧物资										

收款单位：宏远有限责任公司　　　会计：　　　　　经手：

凭 12-3　　　　**服务业通用发票**

客户名称：宏远有限责任公司　　　　2015 年 12 月 16 日

服务项目	单位	数量	单价	金额						
				万	千	百	十	元	角	分
清理费							5	0	0	0
合计金额(大写)	伍拾元整		¥50.00							

(13)22 日，张山出差，报销差旅费，余款退回(前预借 3 000 元)。

凭 13-1　　　　**服务业专用发票**

客户名称：宏远有限责任公司　　　　2015 年 12 月 20 日

服务项目	单位	数量	单价	金额						
				万	千	百	十	元	角	分
住宿费						2	4	0	0	0
合计金额(大写)	贰佰肆拾元整		¥240.00							

开票单位：航天宾馆　　　　开票人：张倩

凭 13-2

广州市财政局

行政事业性收费统一收费票据

缴款单位：宏远有限责任公司　　　　2015 年 12 月 19 日　　　　No:

收费项目	单位	数量	单价	金额						
				万	千	百	十	元	角	分
会务费						2	0	0	0	0
金额合计	人民币贰佰元整				¥	2	0	0	0	0
开票单位	广州科技学院(盖章有效)	开户行								
		账号								

收费单位：　　　　收款人：李静

凭 13-3
附件 4 张

差旅费报销单

2015 年 12 月 22 日

<table>
<tr><td colspan="2">单位名称</td><td colspan="2">技术部</td><td>姓名</td><td>张山</td><td>职别</td><td colspan="3">技术部经理</td></tr>
<tr><td colspan="2">出差事由</td><td colspan="5">开会</td><td rowspan="2">出差
日期</td><td colspan="3" rowspan="2">自 2015 年 12 月 18 日
至 2015 年 12 月 22 日</td></tr>
<tr><td colspan="2">到达地点</td><td colspan="5">广州</td></tr>
<tr><td rowspan="3">项目金额</td><td colspan="4">交通工具</td><td colspan="2">其他</td><td>住宿费</td><td colspan="2">伙食补助</td></tr>
<tr><td>火车</td><td>汽车</td><td>飞机</td><td>轮船</td><td>会务费</td><td></td><td>住 3 天</td><td>在途 2 天</td><td>住 3 天</td></tr>
<tr><td>658</td><td></td><td></td><td></td><td>200</td><td></td><td>240</td><td>200</td><td>300</td></tr>
<tr><td colspan="7">总计人民币金额(大写)壹仟伍佰玖拾捌元整</td><td colspan="3">¥1 598.00</td></tr>
<tr><td colspan="5" rowspan="3">主管：　　领款人：张山</td><td>月</td><td>日</td><td>顺序号</td><td colspan="2">明细科目编号</td></tr>
<tr><td></td><td></td><td></td><td colspan="2"></td></tr>
<tr><td></td><td></td><td></td><td colspan="2"></td></tr>
</table>

主管：　　　　出纳：

凭 13-4

专 用 收 款 收 据

NO：0675587

沪财会账证 10 号

收款日期 2015 年 12 月 22 日

<table>
<tr><td>付款单位
(交款人)</td><td colspan="2">张山</td><td>收款单位
(领款人)</td><td colspan="4">宏远有限
责任公司</td><td colspan="5">收款
项目</td><td>差旅费</td></tr>
<tr><td rowspan="2">人民币
(大写)</td><td colspan="3" rowspan="2">壹仟肆佰零贰元整</td><td>千</td><td>百</td><td>十</td><td>万</td><td>千</td><td>百</td><td>十</td><td>元</td><td>角</td><td>分</td><td>结算方式</td></tr>
<tr><td></td><td></td><td></td><td>¥</td><td>1</td><td>4</td><td>0</td><td>2</td><td>0</td><td>0</td><td>现金</td></tr>
<tr><td rowspan="2">收款事由</td><td colspan="3" rowspan="2">预借差旅费余额</td><td colspan="3" rowspan="2">经办</td><td colspan="4">部　门</td><td colspan="4">技术部</td></tr>
<tr><td colspan="4">人　员</td><td colspan="4">张山</td></tr>
<tr><td colspan="2" rowspan="2">上述款项照数收讫无误。
收款单位财会专用章：
(领导人签章)</td><td>会计主管</td><td colspan="3">稽　核</td><td colspan="4">出　纳</td><td colspan="5">交款人</td></tr>
<tr><td></td><td colspan="3"></td><td colspan="4"></td><td colspan="5">张山</td></tr>
</table>

第二联　收款单位记账依据

(14)25 日，年终聘请会计师事务所进行审计，支付审计费9 000元，以转账支票支付。

凭 14-1

上海市财政局

行政事业性收费统一收费票据

缴款单位：宏远有限责任公司　　2015 年 12 月 25 日　　No：

<table>
<tr><td rowspan="2">收费项目</td><td rowspan="2">单位</td><td rowspan="2">数量</td><td rowspan="2">单价</td><td colspan="7">金　额</td></tr>
<tr><td>万</td><td>千</td><td>百</td><td>十</td><td>元</td><td>角</td><td>分</td></tr>
<tr><td>审计费</td><td></td><td></td><td></td><td></td><td>9</td><td>0</td><td>0</td><td>0</td><td>0</td><td>0</td></tr>
<tr><td></td><td></td><td></td><td></td><td></td><td></td><td></td><td></td><td></td><td></td><td></td></tr>
<tr><td>金额合计</td><td colspan="4">人民币玖仟元整</td><td>¥</td><td>9</td><td>0</td><td>0</td><td>0</td><td>0</td><td>0</td></tr>
<tr><td rowspan="2">开票单位</td><td rowspan="2">信运会计师事务所（盖章有效）</td><td>开户行</td><td colspan="8">工商银行长治路分理处</td></tr>
<tr><td>账号</td><td colspan="8">6910871</td></tr>
</table>

收费单位：信运会计师事务所　　收款人：

凭 14-2

中国工商银行

转账支票存根

ⅣⅡ　00046691

附加信息

出票日期 2015 年 12 月 25 日

收款人：信运会计师事务所
金　额：¥9 000.00
用　途：支付审计费

单位主管：　　会计：

(15)28 日，收到红星贸易公司开来的代销清单。

凭 15-1

红星贸易公司代销清单

委托人：宏远有限责任公司　　2015 年 12 月 28 日　　NO：

<table>
<tr><td>产品名称</td><td>数量(个)</td><td>委托价</td><td>金额</td><td>备注</td></tr>
<tr><td>A 产品</td><td>20 000</td><td>90.00</td><td>1 800 000.00</td><td rowspan="3">12 月 10 日委托</td></tr>
<tr><td></td><td></td><td></td><td></td></tr>
<tr><td>合计(大写)</td><td colspan="2">壹佰捌拾万元整</td><td>¥1 800 000.00</td></tr>
</table>

第二联送委托人记账

凭 15-2

上海市增值税专用发票

NO.

开票日期：2015 年 12 月 28 日

<table>
<tr><td rowspan="4">购货单位</td><td colspan="4">名称：红星贸易公司
纳税人识别号：
地址、电话：
开户行及账号：</td><td rowspan="1">密码区</td><td colspan="2">2/987327+3/68＊3883
/><06289442/597292
380702＊03/46+<0014
168+7968456/45+/27</td><td>加密版：01
××××××××××</td><td rowspan="6">第二联　发票联　销货方记账凭证</td></tr>
<tr><td>货物及应税劳务名称</td><td>规格型号</td><td>单位</td><td>数量</td><td>单价</td><td>金额</td><td>税率</td><td>税额</td></tr>
<tr><td>A 产品</td><td></td><td>个</td><td>20 000</td><td>90.00</td><td>1 800 000.00</td><td>17%</td><td>306 000.00</td></tr>
<tr><td>合　　计</td><td></td><td></td><td></td><td></td><td>1 800 000.00</td><td></td><td>306 000.00</td></tr>
<tr><td colspan="2">价税合计(大写)</td><td colspan="7">贰佰壹拾万零陆仟元整　　　　¥2 106 000.00</td></tr>
<tr><td>销货单位</td><td colspan="4">名称：宏远有限责任公司
纳税人识别号：0208878996847876
地址、电话：上海市浦东路 208 号
开户行及账号：工商银行上海市浦东支行
6442848-001600212406</td><td>备注</td><td colspan="3"></td></tr>
</table>

(16)29 日，9 月销售给北华机车配件厂 B 产品，因质量问题本月办理退货。

凭 16-1

国家税务总局 上海市支局

企业进货退出及索取折让证明单

No：

<table>
<tr><td rowspan="2">销货单位</td><td>全称</td><td colspan="4">宏远有限责任公司</td></tr>
<tr><td>纳税人登记号</td><td colspan="4">0208878996847876</td></tr>
<tr><td rowspan="3">进货退出</td><td>货物名称</td><td>单价</td><td>数量</td><td>货款</td><td>税额</td></tr>
<tr><td>B 产品</td><td>25.00</td><td>8 000</td><td>200 000.00</td><td>34 000.00</td></tr>
<tr><td></td><td></td><td></td><td></td><td></td></tr>
<tr><td>退货理由</td><td colspan="2">质量问题，同意退货。
经办人：
单位签章
2015 年 12 月 29 日</td><td>征收机关签章</td><td colspan="2">同意
经办人：
2015 年 12 月 29 日</td></tr>
<tr><td rowspan="2">购货单位</td><td>全称</td><td colspan="4">北华机车厂</td></tr>
<tr><td>纳税人登记号</td><td colspan="4"></td></tr>
</table>

凭 16-2　　**上海市增值税专用发票**　　NO. ××××××

开票日期：2015 年 12 月 29 日

<table>
<tr><td rowspan="1">购货单位</td><td colspan="4">名称：北华机车厂
纳税人识别号：
地址、电话：
开户行及账号：工商银行朝阳路分理处 8817857</td><td>密码区</td><td colspan="2">2/987327+3/68 * 3929
/><06242342/597292
380702 * 03/86+<0014
168+7969523/45+/26</td><td>加密版：01
×××××××××</td><td rowspan="6">第二联　发票联　销货方记账凭证</td></tr>
<tr><td colspan="2">货物及应税劳务名称</td><td>规格型号</td><td>单位</td><td>数量</td><td>单价</td><td>金额</td><td>税率</td><td>税额</td></tr>
<tr><td colspan="2">B 产品</td><td></td><td>个</td><td>8 000</td><td>25. 00</td><td>-200 000. 00</td><td>17%</td><td>-34 000. 00</td></tr>
<tr><td colspan="2">合　计</td><td></td><td></td><td></td><td></td><td>-200 000. 00</td><td></td><td>-34 000. 00</td></tr>
<tr><td colspan="2">价税合计(大写)</td><td colspan="7">贰拾叁万肆仟元整　　　　¥ -234 000. 00</td></tr>
<tr><td>销货单位</td><td colspan="5">名称：宏远有限责任公司
纳税人识别号：0208878996847876
地址、电话：上海市浦东路 208 号
开户行及账号：工商银行上海市浦东支行
6442848-001600212406</td><td>备注</td><td colspan="2"></td></tr>
</table>

凭 16-3　　**中国工商银行　　电汇凭证(回　单)**

□普通　□加急　　委托日期 2015 年 12 月 29 日

<table>
<tr><td rowspan="3">汇款人</td><td>全称</td><td colspan="2">宏远有限责任公司</td><td rowspan="3">收款人</td><td>全称</td><td colspan="11">北华机车厂</td><td rowspan="8">此联汇出行给汇款人的回执</td></tr>
<tr><td>账号</td><td colspan="2">6442848-001600212406</td><td>账号</td><td colspan="11">8817857</td></tr>
<tr><td>汇出地点</td><td colspan="2">上海市/县</td><td>汇入地点</td><td colspan="11">上海市/县</td></tr>
<tr><td colspan="2">汇出行名称</td><td colspan="2">工商银行上海市浦东支行</td><td colspan="2">汇入行名称</td><td colspan="11">工商银行朝阳路分理处</td></tr>
<tr><td rowspan="2">金额</td><td colspan="5" rowspan="2">人民币
(大写)贰拾叁万肆仟元整</td><td>亿</td><td>千</td><td>百</td><td>十</td><td>万</td><td>千</td><td>百</td><td>十</td><td>元</td><td>角</td><td>分</td></tr>
<tr><td></td><td></td><td>¥</td><td>2</td><td>3</td><td>4</td><td>0</td><td>0</td><td>0</td><td>0</td><td>0</td></tr>
<tr><td colspan="4" rowspan="2">汇出行签章
2015 年 12 月 29 日</td><td colspan="2">支付密码</td><td colspan="11"></td></tr>
<tr><td colspan="13">附加信息及用途：
销货退回业务返款
复核　　　记账</td></tr>
</table>

凭 16-4

入 库 通 知 单

№ 0038426

送货单位：销售部　　2015 年 12 月 7 日　　入库字第 001 号附单据　张

编号	名　称	规 格	单位	应收数量	实收数量	单价	金　额	附　注
	B 产品		个	8 000	8 000			因质量问题退货
合　计				8 000	8 000			

第二联：财务记账

会计：　仓库主管：　保管：万花　经手：　采购：

(17)31 日，根据财产清查结果，发现机修车间盘亏电焊机一台，原因是被盗无法追回，该电焊机原价4 500元，已提折旧 810 元，另发现仓库盘盈圆钢 200 千克，单价 8.5 元，原因是计量不准。

凭 17-1

流动资产清查报告单

2015 年 12 月 31 日　　No：1201

类别	财产名称	单位	单价	账面数量	实物数量	盘盈		盘亏		盈亏原因
						数量	金额	数量	金额	
	圆钢	千克	8.50	5 800	6 000	200	1 700.00			计量不准
合计				5 800	6 000	200	1 700.00			

凭 17-2

固定资产清查报告单

2015 年 12 月 31 日　　No：1202

固定资产编号	固定资产名称	盘盈			盘亏			原因
		数量	重置估价	估计折旧	数量	原价	已提折旧	
1005	电焊机				1	4 500.00	810.00	被盗
合计					1	4 500.00	810.00	
使用部门	处理意见	清查小组			审批部门			
机修车间		被盗			同意。2015. 12. 31			

凭 17-3

<table>
<tr><td>

财产清查结果处理决定

财务部：

机修车间盘亏电焊机一台，因被盗无法追回，其损失由公司保卫部当班值守王东负责赔偿60%，其余作营业外支出；盘盈圆钢属于计量不准造成，冲减管理费用。

李西

2015 年 12 月 31 日

</td></tr>
</table>

（18）31 日，接银行通知，支付本季度短期借款利息 1 050 元。

凭 18-1

中国工商银行贷款利息通知单（支款通知）

2015 年 12 月 31 日

<table>
<tr><td rowspan="2">贷　款</td><td>账号</td><td>6442848-001600212406</td><td>利息基数</td><td colspan="10">10 000.00</td></tr>
<tr><td>户名</td><td>宏远有限责任公司</td><td>利率</td><td colspan="10">月 0.5%</td></tr>
<tr><td rowspan="2">利息金额合计
人民币（大写）</td><td colspan="2" rowspan="2">壹仟零伍拾元整</td><td>千</td><td>百</td><td>十</td><td>万</td><td>千</td><td>百</td><td>十</td><td>元</td><td>角</td><td>分</td></tr>
<tr><td></td><td></td><td></td><td>¥</td><td>1</td><td>0</td><td>5</td><td>0</td><td>0</td><td>0</td></tr>
<tr><td>计息期：
10—12 月</td><td colspan="2">上列贷款利息已从你单位结算存款账户如数支付，请即入账
（银行盖章）</td><td colspan="10">科目
转账
复核　　记账　　制单
2015 年 12 月 31 日</td></tr>
</table>

（19）31 日，仓库报来销售科领用包装箱 160 个，单位成本 18 元（随产品出售，不单独计价）。

凭 19-1

领　料　单

领料单位：销售部　　　　2015 年 12 月 31 日　　　　编号：

编号	名称及规格	单位	数量	单位成本	总成本	备注
	包装箱	个	160	45.00	7 200.00	
合计			160		7 200.00	

会计主管：　　仓库主管：　　保管：　　经发：　　制单：

（20）31 日，结转已销产品成本。

凭 20-1

销售成本计算表

2015 年 12 月

<table>
<tr><td rowspan="2">产品名称</td><td rowspan="2">单位</td><td colspan="3">本月销售</td></tr>
<tr><td>数量</td><td>单位成本</td><td>金额</td></tr>
<tr><td>A 产品</td><td>个</td><td></td><td>80.00</td><td></td></tr>
<tr><td>B 产品</td><td>个</td><td></td><td>18.00</td><td></td></tr>
<tr><td>C 产品</td><td>个</td><td></td><td>20.00</td><td></td></tr>
<tr><td>合计</td><td></td><td></td><td></td><td></td></tr>
</table>

(21)31 日，申报城建税及教育费附加。

凭 21-1

城市维护建设税纳税申报表

填表日期 2015 年 12 月 31 日　　金额单位：元

<table>
<tr><td colspan="2">纳税人名称</td><td colspan="3">宏远有限责任公司</td><td colspan="2">纳税人识别号</td><td colspan="2">0208878996847876</td></tr>
<tr><td colspan="2">税款所属时期</td><td colspan="3">2015 年 1 月至 2015 年 12 月</td><td colspan="3">城市维护建设税收缴款书号码</td><td></td></tr>
<tr><td>税种</td><td>应税项目</td><td>税目</td><td>计税依据</td><td>税(费)率</td><td>应纳税(费)额</td><td>减免税(费)额</td><td>批准缓税(费)额</td><td>本期申报应纳税(费)额</td></tr>
<tr><td>1</td><td>2</td><td>3</td><td>4</td><td>5</td><td>6</td><td>7</td><td>8</td><td>9=6-7-8</td></tr>
<tr><td rowspan="4">城市维护建设税</td><td>增值税</td><td>—</td><td>125 000</td><td>7%</td><td>8 750</td><td></td><td></td><td>8 750</td></tr>
<tr><td>营业税</td><td>—</td><td></td><td>7%</td><td></td><td></td><td></td><td></td></tr>
<tr><td>消费税</td><td>—</td><td></td><td>7%</td><td></td><td></td><td></td><td></td></tr>
<tr><td>小　计</td><td>—</td><td></td><td>—</td><td>8 750</td><td></td><td></td><td>8 750</td></tr>
<tr><td colspan="4">如纳税人填报，
由纳税人填报以下各栏</td><td colspan="5">如委托税务代理机构填报，由税务代理机构填写以下各栏</td></tr>
<tr><td colspan="2" rowspan="2">会计主管
(签章)</td><td colspan="2" rowspan="2">经办人
(签章)</td><td colspan="2">税务代理机构名称</td><td colspan="2"></td><td rowspan="2">税务代理机构
(公章)</td></tr>
<tr><td colspan="2">税务代理机构地址</td><td colspan="2"></td></tr>
<tr><td rowspan="3">申请声明</td><td colspan="3" rowspan="3">此纳税申报表是根据国家税收法律的规定填报的，我确信它是真实的、可靠的、完整的。
声明人：
(法定代表人签字或盖章)(公章)</td><td>代理人
(签章)</td><td></td><td>联系电话</td><td colspan="2"></td></tr>
<tr><td colspan="5">以下由税务机关填写</td></tr>
<tr><td>收到申报表日期</td><td></td><td>接收人</td><td colspan="2"></td></tr>
</table>

上海市地方税务局监制

凭 21-2

教育费附加申报表

填表日期 2015 年 12 月 31 日　　　　金额单位：元

<table>
<tr><td colspan="2">纳税人名称</td><td colspan="3">宏远有限责任公司</td><td colspan="2">纳税人识别号</td><td colspan="2">0208878996847876</td></tr>
<tr><td colspan="2">税款所属时期</td><td colspan="3">2015 年 1 月至 2015 年 12 月</td><td colspan="3">教育费附加税收缴款书号码</td><td></td></tr>
<tr><td>税种</td><td>应税项目</td><td>税目</td><td>计税依据</td><td>税(费)率</td><td>应纳税(费)额</td><td>减免税(费)额</td><td>批准缓税(费)额</td><td>本期申报应纳税(费)额</td></tr>
<tr><td>1</td><td>2</td><td>3</td><td>4</td><td>5</td><td>6</td><td>7</td><td>8</td><td>9=6-7-8</td></tr>
<tr><td rowspan="4">教育费附加</td><td>增值税</td><td>—</td><td>125 000</td><td>3%</td><td>3 750</td><td></td><td></td><td>3 750</td></tr>
<tr><td>营业税</td><td>—</td><td></td><td>3%</td><td></td><td></td><td></td><td></td></tr>
<tr><td>消费税</td><td>—</td><td></td><td>3%</td><td></td><td></td><td></td><td></td></tr>
<tr><td>小　计</td><td>—</td><td></td><td>—</td><td>3 750</td><td></td><td></td><td>3 750</td></tr>
<tr><td colspan="4">如纳税人填报，
由纳税人填报以下各栏</td><td colspan="5">如委托税务代理机构填报，由税务代理机构填写以下各栏</td></tr>
<tr><td colspan="2" rowspan="2">会计主管
（签章）</td><td colspan="2" rowspan="2">经办人
（签章）</td><td colspan="2">税务代理机构名称</td><td colspan="2"></td><td rowspan="2">税务代理机构
（公章）</td></tr>
<tr><td colspan="2">税务代理机构地址</td><td colspan="2"></td></tr>
<tr><td rowspan="3">申请声明</td><td colspan="3" rowspan="3">此纳税申报表是根据国家税收法律的规定填报的，我确信它是真实的、可靠的、完整的。
声明人：
（法定代表人签字或盖章）（公章）</td><td>代理人
（签章）</td><td></td><td>联系电话</td><td colspan="2"></td></tr>
<tr><td colspan="5">以下由税务机关填写</td></tr>
<tr><td colspan="2">收到申报表日期</td><td></td><td>接收人</td><td></td></tr>
</table>

上海市地方税务局监制

(22) 31 日，结转损益类账户(无纳税调整事项)。

凭 22-1

损益类账户结转表

2015 年 12 月 31 日

项　　目	借方金额	贷方金额
主营业务收入		
主营业务成本		
营业税金及附加		
其他业务收入		
其他业务成本		
销售费用		

续表

项　　目	借方金额	贷方金额
管理费用		
财务费用		
投资收益		
营业外收入		
营业外支出		
合　　计		

制表：　　　　　　　　复核：

凭 22-2

所得税计算表

2015 年 12 月 31 日

计税依据（本期利润总额）	税　率	金　额
	25%	

制表：　　　　　　　　复核：

凭 22-3

所得税结转表

2015 年 12 月 31 日

应贷科目 / 应借科目	所得税费用
本年利润	

制表：　　　　　　　　复核：

(23) 31 日，结转净利润。

凭 23-1

全年净利润结转表

2015 年 12 月 31 日

应贷科目 / 应借科目	利润分配——未分配利润
本年利润	

制表：　　　　　　　　复核：

(24) 31 日，计提盈余公积(10%)。

凭 24-1

盈余公积计算表

2015 年 12 月 31 日

项　　目	金　　额
全年净利润	
提取盈余公积(10%)	

制表：　　　　　　　　复核：

(25)31 日，计算应付利润(40%)。

凭 25-1

应付利润计算表

2015 年 12 月 31 日

项　　目	金　　额
可供分配利润	
应付利润(40%)	

制表：　　　　　　　　复核：

(26)31 日，结转未分配利润。

凭 26-1

已分配利润结转表

2015 年 12 月 31 日

项　　目	金　　额
利润分配——提取法定盈余公积	
利润分配——应付利润	
合计	

制表：　　　　　　　　复核：

学习情境八

财务报表编制

技能训练一

1. 目的：练习资产负债表相关项目的填列方法。
2. 资料：甲公司2015年12月31日结账后有关科目余额如下：

单位：万元

科目名称	借方余额	贷方余额
应收账款	500	
坏账准备——应收账款		50
预收账款	100	200
应付账款		300
预付账款	200	60

3. 要求：根据上述资料，计算资产负债表中下列项目的金额：
(1)应收账款：
(2)预付账款：
(3)应付账款：
(4)预收账款：

技能训练二

1. 目的：练习资产负债表相关项目的填列方法。
2. 资料：乙公司为增值税一般纳税人，2015年11月30日的科目余额表如下：

单位：元

科目名称	借方余额	贷方余额	科目名称	借方余额	贷方余额
银行存款	54 000		短期借款		35 000
应收账款	40 000		应付账款		20 000
坏账准备——应收账款		160	预收账款		51 200

续表

科目名称	借方余额	贷方余额	科目名称	借方余额	贷方余额
预付账款	7 000		应交税费	2 500	
原材料	20 000		应付利息		7 840
库存商品	90 000		实收资本		240 000
交易性金融资产	55 000		资本公积		18 000
长期待摊费用	600		盈余公积		11 000
固定资产	128 000		利润分配		9 900
累计折旧		26 000	本年利润		20 000
在建工程	42 000				
合计	436 600	26 160	合计	2 500	412 940

注："应付利息"科目余额 7 840 元为计提的短期借款利息。

乙公司 2015 年 12 月有关资料如下：

(1)本月销售商品价款 50 000 元，增值税 8 500 元，款项尚未收到。商品成本为42 000元(不考虑其他相关税费)。

(2)收回以前年度已核销的坏账 140 元。

(3)向承包商支付工程进度款 13 000 元。

(4)计提固定资产折旧 2 500 元，摊销长期待摊费用 300 元，均计入管理费用。用银行存款支付管理费用4 000元。

(5)支付短期借款利息 7 840 元(已预提)。

(6)偿还短期借款 11 000 元。

(7)用银行存款支付财务费用 566 元。

(8)年末按应收账款余额的 4%计提坏账准备。

(9)交纳增值税 600 元、所得税 200 元。

(10)出售交易性金融资产，出售时账面价值为 15 000 元(其中：成本14 000元、公允价值变动1 000元)，售价16 000元。

3. 要求：

(1)编制乙公司 2015 年 12 月份有关经济业务的会计分录。

(2)假定应收账款、预付账款明细科目余额均在借方，应付账款、预收账款明细科目余额均在贷方，计算乙公司 2015 年 12 月 31 日资产负债表中下列项目的金额：①货币资金；②应收账款；③存货；④长期待摊费用；⑤交易性金融资产；⑥在建工程；⑦应付利息；⑧应交税费。

技能训练三

1. 目的：练习资产负债表的编制方法。

2. 资料：甲企业 2015 年 12 月 31 日的有关资料如下：

(1)科目余额表：

单位：元

科目名称	借方余额	贷方余额
库存现金	10 000	
银行存款	57 000	
应收票据	60 000	
应收账款	80 000	
预付账款		30 000
坏账准备——应收账款		5 000
原材料	70 000	
周转材料	10 000	
发出商品	90 000	
材料成本差异		55 000
库存商品	100 000	
交易性金融资产	2 000	
固定资产	800 000	
累计折旧		300 000
在建工程	40 000	
无形资产	150 000	
短期借款		10 000
应付账款		70 000
预收账款		10 000
应付职工薪酬	4 000	

续表

科目名称	借方余额	贷方余额
应交税费		13 000
长期借款		80 000
实收资本		500 000
盈余公积		200 000
未分配利润		200 000

(2)债权债务明细科目余额：

科目名称	借方余额	贷方余额
应收账款——A 公司	100 000	
应收账款——B 公司		20 000
预付账款——C 公司	20 000	
预付账款——D 公司		50 000
应付账款——E 公司		100 000
应付账款——F 公司	30 000	
预收账款——G 公司		40 000
预收账款——H 公司	30 000	

(3)长期借款：

①向工商银行借款 30 000 元(本利和)。贷款期限：2014 年 6 月 1 日至 2016 年 6 月 1 日。该借款到期一次还本付息。

②向建设银行借款 50 000 元(本利和)。贷款期限：2015 年 8 月 1 日至 2017 年 8 月 1 日。该借款到期一次还本付息。

3. 要求：

(1)计算资产负债表中下列项目的金额：①货币资金；②应收账款；③预付账款；④存货；⑤应付账款；⑥预收账款；⑦长期借款。

(2)编制甲企业 2015 年 12 月 31 日的资产负债表。

资产负债表

____年____月____日　　　　会企01表

编制单位：　　　　单位：元

资　　产	期末余额	年初余额	负债和所有者权益（或股东权益）	期末余额	年初余额
流动资产：			流动负债：		
货币资金			短期借款		
交易性金融资产			交易性金融负债		
应收票据			应付票据		
应收账款			应付账款		
预付账款			预收账款		
应收利息			应付职工薪酬		
应收股利			应交税费		
其他应收款			应付利息		
存货			应付股利		
一年内到期的非流动资产			其他应付款		
其他流动资产			一年内到期的非流动负债		
流动资产合计			其他流动负债		
非流动资产：			流动负债合计		
可供出售金融资产			非流动负债：		
持有至到期投资			长期借款		
长期应收款			应付债券		
长期股权投资			长期应付款		
投资性房地产			专项应付款		
固定资产			预计负债		
在建工程			递延所得税负债		
工程物资			其他非流动负债		
固定资产清理			非流动负债合计		
生产性生物资产			负债合计		
油气资产			股东权益：		
无形资产			实收资本(或股本)		
开发支出			资本公积		
商誉			减：库存股		
长期待摊费用			盈余公积		
递延所得税资产			未分配利润		
其他非流动资产			股东权益合计		
非流动资产合计					
资产总计			负债和股东权益总计		

技能训练四

1. 目的：练习利润表的编制方法。

2. 资料：丰华公司属于增值税一般纳税人，适用增值税税率为17%、所得税税率为25%。商品售价中不含增值税，商品销售时，同时结转销售成本。本年利润采用表结法结转。2015年11月30日损益类有关科目的余额如下：

单位：万元

科目名称	借方余额	科目名称	贷方余额
主营业务成本	1 000	主营业务收入	1 750
其他业务成本	30	其他业务收入	50
营业税金及附加	14.5	投资收益	40
销售费用	40	营业外收入	30
管理费用	250	公允价值变动损益	30
财务费用	20		
资产减值损失	80		
营业外支出	17		

2015年12月，丰华公司发生如下经济业务：

(1)本月销售商品一批，增值税专用发票记载的售价200万元，增值税34万元，款项尚未收到。该批商品的实际成本为120万元。

(2)本月发生应付职工薪酬150万元，其中：生产工人工资100万元，车间管理人员工资10万元，厂部管理人员工资25万元，销售人员工资15万元。

(3)本月收到增值税返还款50万元。

(4)计提无形资产摊销20万元。

(5)本月主营业务应交城建税5万元，教育费附加0.5万元。

(6)12月31日，某项交易性金融资产公允价值上升2万元。

(7)12月31日，计提坏账准备5万元，计提存货跌价准备10万元。

(8)假定丰华公司2015年应纳税所得额为400万元。递延所得税资产年初余额为10万元，年末余额为20万元；递延所得税负债年初余额为8万元，年末余额为13万元。企业按年确定所得税费用。

3. 要求：

(1)编制丰华公司2015年12月相关经济业务的会计分录。

(2)编制丰华公司2015年度利润表。

利　润　表

________年度　　　　　　　　　　会企 02 表

编制单位：　　　　　　　　　　　　　　　　单位：万元

项　　　目	本年金额	上年金额
一、营业收入		（略）
减：营业成本		
营业税金及附加		
销售费用		
管理费用		
财务费用		
资产减值损失		
加：公允价值变动收益（损失以“-”号填列）		
投资收益（损失以“-”号填列）		
其中：对联营企业和合营企业的投资收益		
二、营业利润（亏损以“-”号填列）		
加：营业外收入		
减：营业外支出		
其中：非流动资产处置损失		
三、利润总额（亏损总额以“-”号填列）		
减：所得税费用		
四、净利润（净亏损以“-”号填列）		
五、每股收益		
（一）基本每股收益		
（二）稀释每股收益		
六、其他综合收益		
七、综合收益总额		

技能训练五

1. 目的：练习资产负债表、利润表的编制方法。

2. 资料：牛牛食品厂为公司制企业，从事食品的生产和销售，属于增值税一般纳税人，适用增值税税率为17%、所得税税率为25%，存货采用实际成本计价法核算。公司有关总分类账户2015年1月1日的年初余额、2015年的累计发生额及2015年12月31日的期末余额如下表所示。

单位：元

会计科目	年初余额		本期发生额		期末余额	
	借方	贷方	借方	贷方	借方	贷方
库存现金	2 000.00		290 000.00	290 000.00	2 000.00	
银行存款	1 023 000.00		919 950.00	1 605 930.00	337 020.00	
短期投资			152 000.00		152 000.00	
应收票据			1 210 950.00		1 210 950.00	
应收账款	5 000.00				5 000.00	
预付账款			15 000.00	5 000.00	10 000.00	
其他应收款	500.00				500.00	
在途物资			750 000.00	750 000.00		
原材料	1 851 400.00		1 250 930.00	2 186 820.00	915 510.00	
周转材料	40 000.00			20 000.00	20 000.00	
库存商品	210 000.00		2 503 800.00	1 005 520.00	1 708 280.00	
长期股权投资	350 000.00				350 000.00	
固定资产	4 000 000.00		150 000.00	100 000.00	4 050 000.00	
累计折旧		500 000.00	50 000.00	61 000.00		511 000.00
固定资产清理			90 000.00	90 000.00		
无形资产	100 000.00				100 000.00	
累计摊销		4 000.00				4 000.00
长期待摊费用			18 000.00	500.00	17 500.00	
短期借款		250 000.00				250 000.00
应付票据				585 000.00		585 000.00

续表

会计科目	年初余额		本期发生额		期末余额	
	借方	贷方	借方	贷方	借方	贷方
应付账款		30 000.00	30 000.00			
其他应付款				1 000.00		1 000.00
应付职工薪酬		26 000.00	360 600.00	360 600.00		26 000.00
应交税费			214 400.00	1 014 031.25		799 631.25
应付利润				1 117 614.38		1 117 614.38
长期借款				50 000.00		50 000.00
实收资本		4 075 150.00				4 075 150.00
盈余公积		351 750.00		223 522.88		575 272.88
本年利润			1 913 001.25	1 913 001.25		
利润分配		2 345 000.00	5 027 274.52	3 576 366.01		894 091.49
生产成本			2 513 800.00	2 503 800.00	10 000.00	
制造费用			122 600.00	122 600.00		
主营业务收入			1 485 000.00	1 485 000.00		
主营业务成本			1 005 520.00	1 005 520.00		
营业税金及附加			6 035.00	6 035.00		
其他业务收入			50 000.00	50 000.00		
其他业务成本			30 250.00	30 250.00		
管理费用			108 620.00	108 620.00		
销售费用			8 500.00	8 500.00		
财务费用			4 000.00	4 000.00		
投资收益			200 000.00	200 000.00		
营业外收入			68 500.00	68 500.00		
营业外支出			5 000.00	5 000.00		
所得税费用			158 893.75	158 893.75		
合计	7 581 900.00	7 581 900.00	20 722 624.60	20 722 624.60	8 888 760.00	8 888 760.00

3. 要求：

(1)编制牛牛食品厂 2015 年 12 月 31 日的资产负债表。

资产负债表

______年______月______日　　　　　　　　会企 01 表

编制单位：　　　　　　　　　　　　　　　　　单位：元

资　　产	期末余额	年初余额	负债和所有者权益（或股东权益）	期末余额	年初余额
流动资产：			流动负债：		
货币资金			短期借款		
交易性金融资产			交易性金融负债		
应收票据			应付票据		
应收账款			应付账款		
预付账款			预收账款		
应收利息			应付职工薪酬		
应收股利			应交税费		
其他应收款			应付利息		
存货			应付股利		
一年内到期的非流动资产			其他应付款		
其他流动资产			一年内到期的非流动负债		
流动资产合计			其他流动负债		
非流动资产：			流动负债合计		
可供出售金融资产			非流动负债：		
持有至到期投资			长期借款		
长期应收款			应付债券		
长期股权投资			长期应付款		
投资性房地产			专项应付款		
固定资产			预计负债		
在建工程			递延所得税负债		
工程物资			其他非流动负债		
固定资产清理			非流动负债合计		
生产性生物资产			负债合计		
油气资产			股东权益：		
无形资产			实收资本（或股本）		
开发支出			资本公积		
商誉			减：库存股		
长期待摊费用			盈余公积		
递延所得税资产			未分配利润		
其他非流动资产			股东权益合计		
非流动资产合计					
资产总计			负债和股东权益总计		

(2)编制牛牛食品厂2015年度的利润表。

利 润 表

______年______月　　会企02表

编制单位：　　单位：元

项　　目	本年金额	上年金额
一、营业收入		(略)
减：营业成本		
营业税金及附加		
销售费用		
管理费用		
财务费用		
资产减值损失		
加：公允价值变动收益(损失以"-"号填列)		
投资收益(损失以"-"号填列)		
其中：对联营企业和合营企业的投资收益		
二、营业利润(亏损以"-"号填列)		
加：营业外收入		
减：营业外支出		
其中：非流动资产处置损失		
三、利润总额(亏损总额以"-"号填列)		
减：所得税费用		
四、净利润(净亏损以"-"号填列)		
五、每股收益		
(一)基本每股收益		
(二)稀释每股收益		
六、其他综合收益		
七、综合收益总额		

全国高等会计职业教育系列规划教材

会计基础（第二版）
会计基础技能训练（第二版）
会计基础综合实训（第二版）
出纳实务（第二版）
财务会计实务（第二版）
财务会计技能训练（第二版）
财务管理实务（第二版）
财务管理技能训练（第二版）
成本会计实务（第二版）
成本会计技能训练（第二版）
纳税实务（第二版）
纳税技能训练（第二版）
审计实务（第二版）
审计技能训练（第二版）
会计综合实训（第二版）
会计信息化实务（第二版）
Excel在会计中的应用（第二版）
财经法规与会计职业道德（第二版）
行业会计实务（第二版）
经济法

欢迎广大教师和读者就系列教材的内容、结构、设计以及使用情况等，提出您宝贵的意见、建议和要求，我们将为您提供优质的售后服务。

联系人：柴　艺　　E-mail：charcoalchai@126.com

武汉大学出版社（全国优秀出版社）